被災地経済復興への視点

～阪神大震災に学ぶ～

推薦の言葉

東日本大震災から2年が過ぎ、復興はさまざまな困難に直面している。他方、阪神大震災からは丸18年が過ぎたが（平成25年時点）、実は神戸の被災地ではいまも復興の苦しみが続いている。この間、私たち「兵庫県震災復興研究センター」では、阪神大震災から5年、10年、15年の節目に「阪神大震災の教訓を次の大災害への対応に活かす」との目的で数々の教訓の取まとめと提言を行なってきた。その際、本書の著者遠藤勝裕氏には経済復興の観点から度々執筆陣に加っていただいてきた。

遠藤氏は阪神大震災の折、日銀神戸支店長の職にあり、被災直後から金融・経済界のリーダーとして神戸経済の復興に向け奔走しておられたが、神戸支店長の職を離れた後も神戸経済復興の状況をフォローし続け、被災直後のボタンのかけ違いによる誤った経済復興の道筋に警鐘を鳴らし続けてこられた。

遠藤氏は本書で、多くのマスコミ報道に見られる表面的な神戸経済復興の成功談が次の大災害からの復興の方向を誤らせる、との問題意識を示しているが、正にそのとおりである。阪神大震災以降、「震災の教訓」と銘打った類書は数多存在するが、こと経済的側面を分り易く掘り下げたものは少ない。今、被災地では「復興加速」をスローガンのさまざまな取り組みを急がせているが、神戸の過ちを繰り返す懸念がぬぐえない。

本書には当事者として復興に係った経済専門家の視点と、被災地の一市民としての視点の双方が盛り込まれている。そして、何よりも、神戸での経験をふまえた復興のポイントが余すところなく、的確に示されており、東日本大震災の復興に携っている行政マン、経済人、市民にとって、まさに必読の書である。

兵庫県震災復興研究センター代表理事
立命館大学政策科学部教授　塩崎賢明

はじめに

平成25年3月11日、東日本大震災から2年が過ぎ新聞、雑誌等各マスコミは復旧、復興の遅れ、被災者の生活再建の困難さなどを一斉に報じていた。私はこのことを2年前の被災直後から懸念していたが、それは阪神大震災の被災者として被災地経済や被災者の生活再建を10数年にわたりフォローしてきた経験に基づくものであった。当時マスコミの多くの論調は「阪神大震災の復興に比べ東日本大震災では…云々」としたものが多く、総じて「阪神復興は上手く行われていた」ことを前提とするものであった。私はそうした論調に異和感を持つと同時にこのままでは「阪神」の時と同じ過ちを繰り返すことになるとの危惧を抱き、機会があればそのことをしっかりと伝えることとした。折しも被災1～2か月後ぐらいから、「あるべき復興の姿」をテーマとした取材が増えたため、それらには私の懸念を率直に伝えると共に阪神の経験に基づく「復興処方箋」も提示した。被災地宮城の河北新報や神戸新聞、新潟日報などで報じられたが、最も私の意図を正確かつ詳細に掲載したのが「阪神の遅れ繰り返すな」との大見出しをつけた毎日新聞（平成23年

5月1日朝刊）と「阪神の教訓、これが早期復興に不可欠な4大施策だ」と題したPRESIDENT（平成23年5月30日号）であった。

そうした中、「金融業務の総合ナビゲート誌」として定評のある「近代セールス」は平成23年4月15日号で編集人大畑数倫氏による私のインタビュー記事を掲載していたが、その後大畑氏から私に「読者の大宗を占める金融機関職員向けに、より踏み込んだ『被災地経済復興の視点』を論じてもらいたい」との要請があった。阪神大震災から10数年を経る中、神戸経済の衰退を目の当りにしてきただけに、その間何が起ったのかを自分なりに改めて整理する意味合いも含め、私も大畑氏の要請に応えることとし、「近代セールス平成23年6月1日号」から連載を開始、以来平成25年2月1日号まで20回で終了した。本書はそれらをまとめたものである。まず、冒頭に総論として大畑氏によるインタビュー記事を掲載し、その後に各論として「阪神経済18年の軌跡」を辿り、そこには、東日本大震災復興へのインプリケーションを探るとの思いも込めている。そうした私の「思い」が一人でも多くの復興当事者に届くことを願って止まない。

平成25年4月　遠藤勝裕

目次

序　章　阪神淡路大震災に学ぶ、被災地経済復興のための教訓
～雑誌『近代セールス（平成23年4月15日号）』に掲載されたインタビュー記事～

東日本大震災により、甚大な被害を受けた東北・北関東の太平洋沿岸地域とその経済。東京電力の福島第一原発事故、そして計画停電も経済活動に大きな打撃を与えている。現況下の危機にどう対応し、復興につなげていくにはどんな対応が必要なのか。その答えの一つが16年前の平成7年1月17日に起きた阪神淡路大震災から学ぶことであろう。

本インタビューでは、阪神淡路大震災発生当時、日本銀行神戸支店の支店長を勤められ、被災直後から現場で陣頭指揮を執り、神戸経済の復興にも尽力されてきた遠藤勝裕氏に、地域経済復興に向けていま必要とされる対応等についてお話を伺った。（聞き手／近代セールス社、大畑数倫）

被災地経済の四つの波を見極め 復興に向け円滑な資金供給を

――東日本大震災発生から数週間が経過し徐々に被害の大きさも明らかになってきましたが、これまでのマスコミ報道や政府の対応についてどのような感想をお持ちですか。

遠藤　今回のような大災害を見るうえでは、一人の人間が二つの目を持って見る必要があると思います。それは、一つは人間としての目、もう一つは経済人、組織のリーダーとしての目です。マスコミ人、評論家、政治家の発言を聞いていると、この二つの目で正しく物事を捉えられていないと感じます。

――二つの目について少し詳しくお聞かせください。二つの目で見ると、今回の大震災はどう映りますか。

遠藤　人間としての目とは熱き心の目で物事を捉えるということ。経済人、組織のリーダーとしての目とは、覚めた頭で冷静に物事を考えるということです。私も神戸での被災直後からこの二つの目、すなわち「ウォームハート・クールヘッド」を常に自分に言い聞かせていました。これを持ち合わせていないと、緊急時の対応の方向性を間違ってしまうからです。

今回の大震災を人間の目で見ますと、こんな悲惨なことはありません。一瞬の内に多くの人がお亡くなりになったわけですから。阪神淡路大震災のときも、とても悲惨でした。このときは6434人の方が尊い命を失うことになったのです。この死者数は、アメリカの「9・11」のテロで世界貿易センターでお亡くなりになった方と、その後のイラク戦争で命を失った米国兵士の数を合わせた死者数とほぼ同じ。それだけの災害規模だったわけです。

東日本大震災はこの死亡者数を大きく上回ってしまいました。人の命に重さはありませんが、数でいえば大変に悲惨であることは間違いありません。

被災状況を冷静に把握し、復興への道筋をつける

――経済人の目としては、どう見ればよいのでしょうか。

遠藤　今回の大震災は福島原発事故やそれを原因とした計画停電という、阪神淡路大震災のときになかった問題を抱えています。ですから一概に比較できませんが、それを除いた地震による直接的な被害という観点から見ると、非常に特徴的なことがあります。

阪神淡路の地震は「都市直下型、縦揺れ、短時間」でした。一方、今回の東日本の震災は「広範囲、横揺れ、マグニチュード9・0と世界最大級の規模」です。今回の地震は縦揺れではなかったため、ハードインフラの被害状況を考えると、地震の揺れによる直接的な被害は阪神とは異なるような気がします。仙台市内の映像を見る限り、道路や建物の被害が阪神淡路大震災のときの三宮近辺とは違うのではと思います。

阪神淡路大震災のときは、地震で都市部のハードインフラが甚大なダメージを受けました。市の中心部の多くのビルや住宅が壊れ、橋や高速道路が崩れ、山陽新幹線の橋脚まで落ちてしまった。ＪＲ、阪急・阪神電鉄、地下鉄など公共交通網もすべて壊れてしまったのです。個人の住宅は全半壊・一部損壊を含め、約30万戸が被害を受けました。ハード面の経済被害は10兆円といわれています。

一方、今回特徴的なのは巨大津波が発生し、三陸沿岸を中心に壊滅的な被害を及ぼしたことです。

一つの町が津波に飲み込まれ消えていく映像は、見る者の心を締め付けました。政府の試算では震災被害額は16兆～25兆円とされていますが、まずは復旧すべきハードインフラの被害状況を冷静に把握し、復興への道筋をつけることが重要だといえます。

四つの波に晒されている被災地の地域経済

――これから地域経済が復興に向け動き出していくうえでは、どんなことがポイントとなりますか。

遠藤　まずは何といっても、電気・ガス・水道といったライフラインの早期復旧が大前提となります。そのうえで、地域経済の置かれている現状を冷静に判断することが必要になります。

被災地の地域経済というものは四つの波に晒されていますので、今後の経済復興を展望するうえでは、この四つの波をしっかりと見極めて対応していく必要があります。

第一の波「景気循環の波」

被災地経済といえども日本経済の一部ですから、経済全体の景気動向とは無縁ではありません。例えば、景気低迷局面ということになれば、政府の復興予算や民間の投資意欲に影響が及ぶことになります。

第二の波「復興と構造調整の波」

現在の日本経済は、国際的水平分業進展の下、アジアを中心とする世界中の国々との激しい競争下にあり、生き延びるための産業構造転換のさなかにあります。こうしたことは当然、被災地経済も「らち外」ではありません。復興と構造調整の波に、被災地の各企業が折り合いをつけていけるかが重要な問題となります。

第三の波「震災に伴うマイナスの波」

これは現在、足下で大きく渦巻いていることでしょう。地震や津波による生産設備の損壊や原材料・燃料の供給不足・集客力の低下など様々なものが想定されます。

第四の波「震災に伴うプラス材料の波」

プラスの波を考えるとは不謹慎とのご指摘があるかも知れませんが、経済的な現実としてこの波もしっかり捉える必要があります。

これは復興関連の様々な投資が官民ともに行われることです。

首都圏に求められる 後背地としての役割

——四つの波は複合的に押し寄せることもあるわけですね。

遠藤　もちろんです。ですから、地域金融機関を含めた被災地の経済界の人は、いま目の前に起こっている現象が四つの波のうち何によるものなのか、そして一つの現象が複合的な波の影響を受けているものなのかを冷静に判断しなくてはなりません。

阪神淡路大震災のときは、長田の地場産業であるケミカル（合成皮革）シューズ業界が大打撃を受けましたが、これは震災以前からアジア諸国の製品に押されていたという構造調整の波に加え、震災に伴うマイナスの波が追い討ちをかけたものでした。

今回の震災からの復興を考える場合も、これら四つの波の大きさをしっかりと見極め、上手に波に乗っていくことが非常に重要です。その際、第一、第二の波は外部要因といえますが、第三、第四の波はコントロール可能です。言うまでもなく、第三の波を最小化して第四の波を最大化していくための具体策を講じていくことが求められているわけです。

——経済復興にはヒンターランド、つまり後背地の役割も大きいとお考えのようですね。

遠藤　はい。当時は近隣の大阪、京都、名古屋、広島、岡山などの主要都市が神戸の後背地として、しっかりと震災後の神戸経済を支えてくれました。これが復興には非常に大きかった。

今回も本来であれば、首都圏の我々が大きな経済力、人間力をもって被災地を支えていかなくてはならないわけですが、不幸にも原発事故が発生し、いまのところ後背地としての機能を十分に発揮できない状態にあります。これからの被災地の復興を考えるうえでは、後背地の機能は非常に大きなポイントとなりますから、一日も早く原発事故の事態が収拾し、首都圏が後背地となりえることを強く望んでいます。

規制や多くのギャップが復興意欲の減退を招く

——神戸経済は震災から16年が経過し、見事、復興を遂げたと思うのですが、実は復興は遅々として進まなかった、失敗の連続だったとおっしゃっていますが、それはどういうことですか？

遠藤　16年経って見事な復興と言われても、それは当たり前だということです。被災者の立場に立てば、復興はもっと急ピッチで進んでほしかった、震災前の姿をもっと早く取り戻したかった、震災から5年後あるいは10年後の時点ではもっとやってほしいことが沢山あったということです。

現実問題として、未だに悲惨な状況の人は沢山います。また復興の手違いにより、二重ローンを抱えたり、過労で倒れたりしてプライベートな生活が破壊され、中には命を失う人もいました。

――　復興が遅れた原因としては、どんなことが考えられますか。

遠藤　第一には「諸々の規制の存在」です。

瓦礫の処理から、個人住宅や商業ビルの再建、工場の新設、港湾の復興、繁華街の復興などあらゆる面に法令・条例等の規制があり、これが復興に向けた障害、手枷・足枷になっていたのです。当時、ある工場に操業再開を持ちかけると、その経営者は「そうしたいのは山々だが、うちの工場は、港側の道路が港湾局の管轄、反対側の道路が国土交通省の管轄、そのほか県庁管轄の県道にも接しているので、すべての官庁から許可が出ないと工場の建直しができない。しかも、以前工場を建てたときは準工場地域だったものが、いまでは準商業地域になったので同じような工場は建設できない」といった話を聞かされました。これでは復興したいにも身動きがとれません。こうした規制は、現在でも多くが存在しているのではないでしょうか。

第二の原因は、多くの「ギャップの存在」が挙げられます。

例えば「被災地と中央」「官と民」のギャップです。被災地内ですら、居住地域の違いで経済力に差があり、これが意識の差を生んでいました。中でも、被災地と中央の差は大きかったですね。これは、被災地の声が中央に正確に届かないことに起因しています。中央に届くまでに間に何人かが入り、バイアスがかかってしまうからです。

そして三つ目が「被災地の人の復興意欲の減退」です。

これは規制により手足が縛られたうえに、中央に被災地の声が届かないことで「もういいや」という諦めの気持ちです。この諦めは企業・個人を問わず芽生えかねないもので、実は一番恐ろしいものかも知れません。

金融は社会を支えるライフラインの一つ

——遠藤さんは神戸の復興の遅れを目に当たりにして、これを解消すべく復興促進のためのプランを作成し各方面に提言されたり、自らも復興支援に向けて行動されたりしてこられたわけですが、そのポイントは何だったのですか。

遠藤　いま申し上げたように、問題ははっきりしているわけですから、あとはその問題を外していけばいいわけです。

すなわち

①被災地特例措置による思い切った規制の緩和・撤廃の要求
②様々なギャップの解消
③公共投資の早期重点投入
④金融面の積極的なバックアップ
⑤ヒト集め・カネ集めのボランティア活動、すなわち「神戸に人を呼び、お金を使ってもらうことの働きかけ」です。

ここでは④について少し詳しくご説明しましょう。

金融面での積極的なバックアップとは、お金の面で被災者に心配させないということ、そして金融機能を最大限に被災地のために生かしていくということです。

震災直後の対応としては、今回マーケットの混乱を防ぐという意味から日銀が大量の資金供給を行い、被災地の金融パニックを防止するために金融大臣と日銀総裁が連名で金融特別措置を発動しました。阪神淡路大震災のときは金融特別措置を発動しても、これを実施する金融機関の窓口が閉鎖していてはどうにもならないので、日銀神戸支店内に市中金融機関の臨時窓口を開設しました。

被災地では、とにかくお金の不安をなくすことが重要。金融は社会を支えるライフラインの一つだからです。電気・ガス・水道と同様にお金も途切れると大変なことになります。特に大災害時には、金融は被災者に安心感を与えるものだといえます。

いま被災地で営業する金融機関の皆さんは、金融は機能しているんだということを、しっかりと地域にアピールしていくことが非常に大切だと思います。

それから、復興には必ず資金が必要になります。当面は、県や市の制度融資、または政府系金融機関による緊急融資での対応ということになるでしょうが、先々、本格的な復興に向かうと、より大きな資金が必要となります。そのとき、民間金融機関がこうした資金需要にどう対応していくかが問われることとなるでしょう。先に申し上げた四つの波をよく見極め、適切かつ円滑な資金供給を行っていくことが、地域経済の復興に向けた民間金融機関の使命であるわけです。

とりわけ身にしみたマニュアルの大切さ

――では最後に、現場を指揮する金融機関の支店長の立場として、大災害から学ばれた教訓についてお聞かせください。

遠藤　私も被災地では沢山失敗しましたから、後世に伝えなくてはならない教訓は数々あります。ここではその中で主なものを紹介させていただきます。

第一に、とりわけ身にしみたのは「マニュアルと日常の訓練の大切さ」です。

よく周りから「非常時にはマニュアルは役に立たないのではないか」ということを聞かれますが、そんなことはありません。

大災害時に目の前で起こることはマニュアル外のことばかりといえます。そのときマニュアルが頭に入っていなければ、目の前で起こっていることがマニュアルに書かれていることか、書かれていないことかの判断がつきません。

そうなると本部に問い合わせることになるのでしょうが、本部としても非常時の現場の状況は分からないため、的確な回答は難しい。

マニュアル外のことは、現場のことを一番よく分かっている現場の支店長自らが判断する必要があるわけです。マニュアルがしっかり頭に入り、普段から訓練をしているからこそ、非常時にも迅速に対応できるのです。

二つ目の教訓は「部下である職員も被災者の顔を持つことを忘れない」ということです。職員は被災した家や家族を抱えながら業務を遂行しているわけですから、これには普段の何倍ものエネルギーが必要となります。常にこのことを心に留めて職員に接しないと大きな過ちを犯しかねません。

三つ目の教訓は「トップの責任を自覚する」ということです。

私は被災地での支店長の任務は四つあると思います。

①自分の命を守ること。

緊急時にはトップにしかできない仕事があります。大災害時ほどトップは自らの命の重みを感じることが必要です。

次に

②職員とその家族の命や生活を守ること。

被災地では、起こることすべてがトップの責任にかかってくるということを心に刻み、職員を守らなければなりません。

この二つのことができて、はじめて第三の任務である

③金融機関としての業務

ができるわけです。そして余力があれば第四の任務として

④直接的に被災者に手を差し伸べること

になります。もっとも、金融機関の場合、金融業務を遂行することこそが間接的に被災地の支援をすることですが。

四つ目の教訓として「ＹＥＳからの出発」を挙げます。

金融機関はイレギュラーなことに直面すると「ＮＯの論理」が働きがちです。ＮＯは理屈さえ考えてしまえば、あとが楽だからです。ＹＥＳは言うときは簡単ですが、あとで苦労します。本当にやらなければいけないからです。

しかし被災地では「ＹＥＳからの出発、そして行動すること」が非常に大切なのです。行動しなくては何も変わりませんし、何も始まりません。

それでは復興は進まないのです。

いま、東日本大震災の被災地の金融機関で働く支店長は、被災者である行職員を抱えて業務を遂行されているわけですから、大変なご苦労だと思います。

ただし、これまで申し上げたように、大災害時において金融機能の確保は平時以上に重みを増しています。現場の指揮官である支店長の役割は極めて大きいわけですから、それを誇りに金融業務を遂行していただきたいと思います。

被災地経済
復興への視点

～阪神大震災に学ぶ～

第1章　復興の光と影
～復興の推進にはハード対応とソフト対応の両面が不可欠～

阪神大震災を改めて振り返ることの意味とは

阪神大震災から16年が過ぎ、早や17年目に入っている（平成23年5月執筆当時）。そして今、東日本大震災から2カ月経ち、政府の復興構想会議が立ち上がり、復興へ向けた本格的議論がスタートした。おそらく今後、甲論乙駁《こうろんおっぱく》、様々な議論が展開されるだろう。その際には、すでに多くの局面で引用されているように「阪神大震災のときには…」と論じられるものと思われるが、経済的側面からの復興論議もその例外ではあるまい。

私は16年前、日銀神戸支店長の職にあり、阪神大震災に遭遇した。以来、金融・経済に係わる一社会人・一市民として被災地の経済や社会を見つめ続け、復興論議に参加し、必要とあれば講演等を通じ行動もしてきた。すべては〝あるべき被災地経済復興〟への視点に立ってのことである。

この活動は今なお続けているが、16年間の経験を改めて振り返り検証することで、東日本大震災からの復興へ向け、何らかのインプリケーションを示すことができればと思っている。阪神大震災と東日本大震災とでは被災の実態に異なる部分も少なくない。しかし大災害ということでは同じ。とりわけ関係者である国や地方自治体、企業、市民にとって阪神大震災のときの対応がどうであったかを見つめ直すことは有益だろう。

いささか前置きが長くなってしまったが、これは本書の意味をご理解いただくためである。また、被災地経済全体の象徴として「神戸経済」と時に表現することをご容赦いただきたい。

神戸経済の復興では ソフト対応が不十分だった

手許に北越銀行の顧客向け機関誌「窓」の平成17年5月号がある。その巻頭に「復興の光と影」と題した拙文が掲載されている。これは平成16年10月に発生した中越地震から半年後、神戸の経験を踏まえ、被災地経済復興のために何が必要か、心構えは何かなどについて小論をまとめたも

図表1　復興の光と影

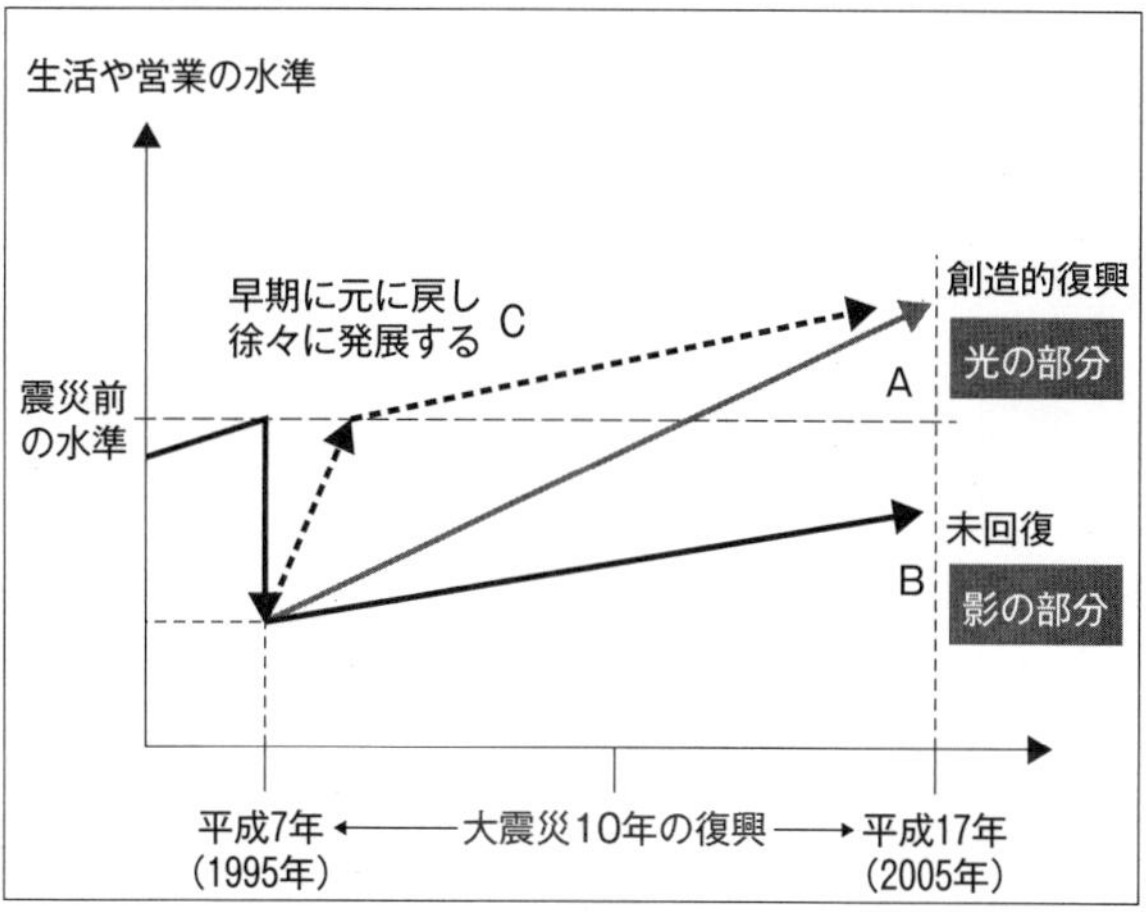

〈出典〉『大震災 10 年と災害列島（クリエイツかもがわ刊）』

のであった。

その一節、「…神戸のこの10年の復興ぶりを振り返ると光と影、二つの側面を見て取れる。道路、港湾、橋、住宅等ハードインフラの復興は光の象徴であり、そこに悲惨な傷跡は殆ど見当たらない。しかしながらその内部や周辺に足を踏み入れ、人々の生活ぶりを子細にみるとあちらこちらに影の存在を感じざるを得ない。個人や事業主等の生活・営業等の再生レベルは7～8割程度とする人が少なくない。影の典型である…」。

このときからさらに数年を経た今、神戸経済全体を見ても震災前の水準には届かないままであり、影の部分に至っては状況がさらに悪化していると言わざるを得ない。なぜそうなってしまったのか。様々な議論はあろうが、私は震災直後の被災地経済の実態を正確に把握しないまま、「ハコモノ重視の災害復興」を推し進めたことによるものと考えている。

高度にソフト化された神戸経済の復興や被災市民の生活再建には制度面からの抜本的な発想の転換、すなわちソフト対応が必要だったにも拘わらず、その視点が十分ではなかったのだ。

復興の光と影は出発時のボタンの掛違いから発生

では、神戸経済の実情はどうだったのだろうか。この点は、序章に載せさせていただいた『近代セールス』平成23年4月15日号の緊急企画「東日本大震災をどう乗り越えるか」でのインタビューの中において、私の考えを示している。そこでは被災地の経済が晒された四つの波、必要な復旧・復興への施策、施策推進上の障害やそれを乗り越えるための具体的行動と施策について論じた。

すなわち、四つの波のうちマイナスの波を極小化し、プラスの波を極大化することが復興への基本的施策であるとしたが、そこには様々な規制やしばり、多くのギャップが存在しており、それらが被災地の企業や市民の復興意欲の減退を引き起こして、復興推進の妨げとなったと指摘した。

そのうえで、妨げの要因を取り除くことが復興推進のポイントであり、規制の撤廃・緩和、ギャップの解消、公共投資の早期重点投入、金融面からの積極的バックアップ、神戸にヒトを集めカネの流れを戻すためのボランティア活動の推進などを具体的施策として提示した。

これらはハード対応とソフト対応の組合せであり、どちらかが不十分であっても復興は推進されず、時間との闘いに苦しむ被災地ではそれらの早期実現が必須のことであった。その意味で、いま神戸の街角に見られる表面的な華やかさとその裏に内在する実情を大震災後の時の経過を辿りながら検証することは、東日本大震災の復興推進の参考になるのではなかろうか。

冒頭に掲げた光と影の存在は復興へ向けてのスタート時のボタンの掛違いにより生じたと思われるが、私は被災から1年後の平成8年4月に神戸を離れる際、そのことを最も懸念していた。したがって、その後も被災地経済の復興を見つめ続けてきた者の責務として、直後1～2年、5

年目、10年目の姿がどうであったかなどを伝えていかなければなるまい。

次章以降は、これらのことを中心に議論を進め、現在進行中の東日本大震災からの復興への道筋を示したい。

第2章　復興・復旧へ向けたボタンの掛け違い
～マイナスの波の過小評価とプラスの波の方向違いに要注意～

被災地経済に打ち寄せる「マイナスの波」とは

「阪神大震災の被害総額は約10兆円であったが、東日本大震災は25兆～30兆円にも上る」と言われており、これが経済的被害規模、マイナスの波の象徴と認識されている。しかし留意しなくてはならないのは、この数字はハード面の被害、ストックの落込みのみということである。

しかしながら、神戸経済のように第三次産業のウエイトが7割と高い地域においては間接被害、すなわちフローの落込みをマイナスの波として重視しなければ真の経済被害を把握できず、復興の方向も間違ってしまうことになろう。

ただ残念ながら、このフローの落込みは被害直後には計測できない。したがって、直後の被害金額としては見過されがちとなり、フロー被害への対応が遅れたり、方向違いとなってしまうのである。またフロー被害はハードの落込みの規模・内容、その復旧スピードと極めて高い相関関係にあることも見逃してはならず、ハードの復旧が遅れれば遅れるほど、フローの落込みは深く、かつ長引き、最悪の場合、沈み込んだままということにもなりかねない。神戸経済の「今」にそのことが垣間見えるのである。

ちなみに、このフローの落込み金額については初年度6兆～8兆円と類推されているが、流入人口・定住人口の動き、個人消費関連諸指標、港湾稼働状況などから概ね妥当な数字といえよう。

ハード面の落込みは過少評価された

ところで、阪神大震災のハードの被害額10兆円については、その後の検証で疑問を抱く研究者も少なくない。例えば、神戸松陰女子学院大学の池田清教授は兵庫県が平成7年2月17日に発表した被害額9兆9630億円（4月5日、9兆9268億円に修正発表、うち建築物5兆8000億円）を、18兆1168億円（うち建築物13兆9900億円）に大幅修正すべきと

図表2　「阪神・淡路震災復興計画」の復興事業費（10億円以下四捨五入）

事業名	復旧・復興費	「創造的復興」費	事業費計（構成比）
(1)多核・ネットワーク型都市圏の形成	2兆8800億円	6兆9500億円	9兆8300億円（60%）
(2)既存産業が高度化し、次世代産業もたくましく活動する社会づくり	2兆5400億円（その内、融資・利子補給関係で2兆5000億円）	4100億円	2兆9500億円（18%）
(3) 21 世紀に対応した福祉のまちづくり	2兆円	8400億円	2兆8400億円（17%）
(4)世界に開かれた文化豊かな社会づくり	2300億円	1400億円	3700億円（3%）
(5)災害に強く安心して暮らせる都市づくり	3100億円	0円	3100億円（2%）
合　計	7兆9600億円（49%）	8兆3400億円（51%）	16兆3000億円

資料：兵庫県復興企画課資料より作成

している。

池田教授はその根拠として、そもそも兵庫県の被害額は、被災後わずか1カ月後の腰だめ的数字であり、それがその後一人歩きしてしまったと指摘。例えば、建築物の全・半壊戸数を兵庫県は約15万棟と計算しているが、日本都市計画学会の1年後の調査では約23万棟、消防庁調べでは25万棟となっていることを挙げている。そのうえで再建築のためのコストを木造・非木造に分け、地域別に計算すると建築物の被害総額は13兆９９００億円に膨らむとしている。

関西大学社会安全学部の永松伸吾准教授は、県の試算は棟数、評価全額とも腰だめ的としたうえで建築物被害額は約12兆3000億円に修正している。したがって、阪神大震災のハード被害総額は約10兆円ではなく、16兆円から18兆円の規模になったものと認識すべきであろう。

この10兆円という金額がその後の復旧・復興計画に影響を及ぼしただけではなく、いまだに一人歩きしているところに問題があり、東日本大震災の被害金額想定に影響しかねない。

阪神での復興事業費は 生活再建より箱物中心に

一方、プラスの波の実情はどうだったのであろうか。公共投資、民間設備投資、個人の住宅投資などがその主な中身であるが、経済力が疲弊した被災地にとって当初の牽引役は何といっても公共投資であり、それがどのような内容で、どう速やかに機能して民間経済の復旧・復興を後押ししたかがポイントとなろう。

兵庫県は平成7年7月に「阪神・淡路震災復興計画（**図表2**）」を策定し、14年後にその実施内容を公表している。それによれば復興事業費総額は16兆3000億円に上っているが、その内容を子細に見ると被災者の生活再建や事業継続に直接関係する復旧・復興事業費の7兆9600億円に対し、いわゆる箱物中心の「創造的復興費」が８兆３４００億円と５割を超えている。しかもその中には震災以前から計画されていたものがかなり盛り込まれており、これは例えば関空２期工事と神戸空港建設で約１兆円が計上されていることに象徴されよう。

また復興計画に盛り込まれた事業数は８３３に上るが、復旧・復興と直接関係ないと見られる事業も相当数含まれている。土地統計調査、住宅需要実態調査等はすべての自治体が５年おきに行う通常業務でありプラスの波ではない。

被災後の生活、事業再建の成否は時間との闘いであるだけに創造的復興へ向けられたエネルギーが当初から復旧・復興事業にすべて注がれていたら、前章で指摘した「光と影」は、今の神戸の街に存在していないかもしれない。

このように震災に伴うマイナスとプラスの波の実情は、マイナスの過小評価とプラスの過大評価というボタンの掛け違いがあったと認識すべきであり、しかも諸々の要因により復興対応も遅れ気味であったのである。東日本大震災からの復興に向け、同じ過ちを繰り返してはなるまい。

第3章　復興遅れの要因①
～復興の前に立ちはだかる「規制」という厚い壁～

阪神大震災の復興遅れは　規制の存在が大きかった

東日本大震災の復興へ向け政府の復興構想会議は平成23年6月25日、「復興への提言」をまとめ首相に提出した。五百旗頭議長は提出にあたり、「速やかな実現」を求めていたが、まさにそこがポイントだ。

阪神大震災の復興にあたっても復興に向け様々な構想が打ち出されたが、厚い壁が立ちはだかり少なくとも被災当事者からみると「復興は遅々として進まなかった」のが実態だったからである。東日本大震災からの早期復興のためにも、「阪神の復興遅れ」の要因を検証する意義は大きい。

さて、復興の前に立ちはだかったのは三枚の厚い壁であった。

まず第一は諸々の規制の存在であり、第二は被災地を最も苛立たせた数多くのギャップが出現したことであった。そして第三がそれらの結果として被災地に広がった無力感、復興へ向けての諦めの境地であった。今回は復興遅れの第一の要因である「諸々の規制の存在」について取り上げよう。

日銀の支店の重要な仕事として地域経済の実情把握がある。阪神大震災後も当然この機能は維持され、私自身調査スタッフ達の先頭に立って被災地内を走り回り、数多くの経済人達の悲痛な声に耳を傾け、共に考え、それらを間断なく本部へ報告し続けた。もちろん、支店長会議でも限られた時間内で復興の進捗状況を報告したが、多くは現地の苛立ちを具体的に示す内容となってしまった。

「…被災後半年、当地経済界には今不気味な静けさが流れています。この背景としていくつかの事情を指摘できますが、まず第一に復興を阻害する規制の存在があげられます。建築基準法から労基法等諸々の法律、各種条令、業界申合わせなど実に多くの規制があり、これらが復興を遅らせていることは否めません…」。

これは平成7年7月、私の支店長会議報告の一部であるが、復興への出鼻をくじかれた経済界の嘆きを訴えたのである。当然、私の仕事は支店長会議等で本部へ報告すれば事足れりというものではなく、このことを広く世の中にアピールし、行政当局に改善を働きかけることも大切であった。

政府発表の規制緩和は復興の視点から見て不十分

図表3は、その折に作成した一覧表の一部。縦軸に復興の具体的内容を記し、横軸に規制の内容をまとめたものである。縦軸には、住宅の再建、マンションの再建、オフィス・商業ビルの再建、港湾の復興、工場新増設、サービス業の復興、雇用機会創出、瓦礫処理等八項目を並べたが、これらは大項目として把握したものであり、規制項目数は細かな行政手続きを含めると、これらの何倍にも上っていたものと推測される。

定例記者会見の場でマスコミに、神戸経済同友会や神戸銀行協会等の講演で広く経済界に、各種会合で行政に、そして地元新聞社主催の講演会で一般市民の方々に、この一覧表を示し規制の撤廃・緩和の必要性を訴え続けた。

規制主体	根拠法規	1年半後の改善状況
国・市	建築基準法、都市計画法、水道条例など	一部運用弾力化
国	建築基準法、区分所有法など	一部緩和
国・市	土地計画法、建築基準法、都市景観条例	一部緩和 景観条例は変わらず
国・市	関税法など	一部運用弾力化
国・市	工場等制限法、都市計画法など	法改正はなく、従来どおり
県・市	風営条例 風営法など	従来どおり、むしろ規制強化
国	労働者派遣業法 職業安定法など	建築業は従来どおり不可
国	公有水面埋立法 廃棄物処理法など	一部運用弾力化

（日本銀行神戸支店資料より）

私の後任である額賀信支店長がまとめた「その後の状況」によると、**図表3**右欄のとおり一部改善された項目もあったが、一顧だにされなかったものも少なくなく、これが復興の足を引っ張り続けたと指摘できよう。

ところで、阪神大震災での苦い経験は、東日本大震災の復興にあたり活かされているか。答えはＹＥＳとＮＯ、半々ということになろう。政府は５月中旬までに行政手続きの簡素化を中心として約１７０件の規制を緩和した（平成23年5月30日・朝日新聞）とされているが、経済復興の視点では不十分との不満が強く、経団連では約２５０項目に及ぶ規制改革を政府に求めているとのこと

図表3　阪神大震災　復興推進上障害となった諸規制一覧(要約)

復興の項目	主な規制内容
住宅の再建	・被災住宅建替に制約 ・工法上の制約、指定業者制度など
マンションの再建	・容積率、日影規制での制約 ・再建には住民の45%以上の同意が必要
オフィス・商業ビルの再建	・容積率、高さ制限、用途制限など
港湾の復興	・関係官庁への届出手続きが煩雑 (税関ほか数カ所以上の場合も)
工場新増設	・既往工場の再建に制限 ・仮設工場の建築物規制
サービス業の復興	・パチンコ等娯楽施設の再建制限 ・新規営業届出手続きが煩雑
雇用機会創出	・人材派遣業種の制約 ・有料職業紹介事業の職種制限
瓦礫処理	・埋立地新設の制限 ・廃棄物処理場の制限

(同)。

昨今の報道では、阪神大震災のときに苦しんだ住宅再建や商業施設の再開、雇用面での弾力的運用等の遅れが報じられており、「相変わらず」の感を抱かえざるを得ない。復興構想会議の提言が1日でも早く実現されることを強く望むゆえんである。

第4章　復興遅れの要因②
～早期復興の障壁となる様々な「ギャップ」の存在～

国レベルでの認識が 復興への意欲をそぐことに

早期復興の前に立ちはだかった第二の壁は「諸々のギャップの存在」であり、これらは被災地の経済面、精神面双方にダメージを与えた。その主なものは、①被災地と被災地外、とりわけ被災地と中央、②ハードとソフト、③製造業と非製造業、④官と民、⑤被災地内の地域間などである。では、これらのギャップがどうして復興の足を引っ張ったのだろうか。その答えは平成7年10月の日銀支店長会議報告にある。当時の報告記録をそのまま記すこととしたい。

「(前段略) さてこうした復興遅れの要因について当地では色々と議論されておりますが、これらを総合すると四つのギャップの存在が浮かび上がります。

すなわち、第一は中央と当地との被害の実情に対する認識ギャップです。これは国レベルから一般企業、個人レベルに至るまで広範囲にわたっております。10カ月近く経ち関心が薄れる中、今当地で生じている復興遅れに伴う経済的危機の実情を訴えても、大火災とかビルの倒壊のように目に見えるものでないだけに理解を得るのは仲々に難しいのかもしれません。とりわけ国レベルでの当地に対する認識が、いぜんとして『ぜいたく』とか『地域エゴ』といった形で報道されることがあり、これが当地民間人の先行きに対する不透明感、不安感につながり、復興への意欲をそいでいる事実は否めません。

第二はハードとソフトのギャップ、ストックとフローのギャップともいえます。当面復旧・復興作業の中心はストック被害の修復、いわゆるハード屋さん達の箱物作りが主役ですが、このセクションの面子や思惑あるいは手柄話が先行し経済主体の実情、いわばソフト無視の計画押しつけが様々なトラブルを引き起こし、復興遅れの一因となっていると指摘できるところです。この具体例には事欠きませんが、我々の身近でいえば金融機関、証券会社等の倒壊店舗再建などはそ

図表４　早期復興の障害となったギャップ一覧

内　容	問題の所在
被災地と被災地外	特に中央。時間とともに拡大。 被災地への無理解
ハードとソフト	「箱物」優先の復興計画。規制緩和、税制優遇等は後手
製造業と非製造業	マーケットの差による自立復興のスピードに差、業種間に意見の相違
官と民	互いに責任をなすり合い。相互不信の拡大
官と官	国・県・市・隣接自治体間の被害認識の差に伴う足並みの乱れ
被災地内	地域内経済力格差に伴う意見の相違。 復興当局が不作為の口実に利用

（日本銀行神戸支店資料より）

の好例です。凡そリテイル店舗にふさわしくない高層ビルの建設を強制されたり、まとまりの悪い周辺零細商店主との共同ビル化を要請されたりしている先では、神戸の中心部から撤退するといった事例もみられます。

官民意識のすれ違いが、復興への推進力を弱める

次に目につくのが製造業と非製造業のギャップです。震災後の復興状況をみますと、総じていえば製造業はまずまず、非製造業はまだまだ、と格差がみられますが、これは製造業のマーケットは当地以外にもあり、非製造業は当地そのものにあることによるものです。

売上減少、収益不芳に泣いている非製造業の人達からは『製造業主体の当地財界首脳には切実感がない』との不満が聞かれるのはその辺りが背景にあるからです。これは民間サイドでの足並みの乱れであり、当地経済界のトータルの力をややそいでいると指摘できます。

最後はやはり官と民のギャップです。現在民間側の官に対する不満は大きく二つあります。一つは諸々の規制の存在です。様々な形で復興の障害になっていることは前回報告したとおりですが、時間が経つにつれ焦りや苛立ちも加わり、規制への不平、不満が一段と強まっています。

二つ目は官側の復興計画の具体化が遅れていることです。華々しく色々な計画が打ち上げられてはいますが、思いきった前倒しの計画実行を待望している民間に対し、単年度予算の枠組みの域をでていないことに対する不満ということです。

一方、国や県、市、すなわち官側には、復興計画やアイディアを提示してもそれを受けて事業を具体化する民間側の意欲が感じられない、当事者意識が薄過ぎる、との強い不満があります。官民意識のすれ違い、責任のなすり合いが復興への力を弱めているのは否めません（以下略）」

地域間の利害を調整するマネジメントが求められる

日銀の政策委員会議事録の公開を気取るつもりはないが、この支店長会議報告記録を読者の皆さんに示すことにより、東日本大震災の復興に向け阪神の轍を踏まない一助になればと思っている。

それにしても、改めて読み直してみると、最近生じた（平成23年7月執筆当時）東日本大震災復興対策担当大臣と被災地との意識のスレ違い、ギャップをそのまま見るようであり、阪神大震災の教訓が生きていないことを実感している。

ところで、報告に盛り込まなかった五つ目のギャップについて補足しておきたい。それは主として被災地内の経済力の差によって生じる地域間ギャップであり、阪神大震災では特に西側と東側にそのことが顕著であった。復旧のスピードや要望の内容に地域間のズレがあり、そのことが行政サイドの不作為のエクスキューズにされる事態も生じていた。

東日本大震災の被災地域は広範囲なだけに、特にこの地域間の意見のズレが全体の復興遅れの理由とされないよう留意しなくてはならない。最近（平成23年7月執筆当時）の報道を見ていると、残念ながらこの地域間のギャップも目立っているため、利害調整のマネジメントも求められるところである。

第5章　復興遅れの要因③
～被災地に広がった民間サイドの復興意欲の減退～

諸々の規制やギャップから、不安感・不透明感が広がる

阪神大震災からの早期復興の障害となった三枚目の壁は、民間サイドの復興へ向けた意欲減退であった。これは前章までに指摘した二枚の壁、すなわち諸々の規制と様々なギャップの存在とが密接に絡み合い、民間企業や個人にじわじわと広がっていったのである。二つの要因が複合し、先行きに対する不安感や不透明感が広がり、企業や商店などは事業の再開を、個人レベルでは生活の再建を被災地内で取り組むことに及び腰となった事例が少なからず見られた。

また、民間に対する復興インセンティブが官の復興計画にあまり盛り込まれていなかったことも、復興意欲減退の一因だと指摘できる。この点に関し、私は㈶神戸都市問題研究所の機関誌「都市政策」第81号（平成7年10月発行）で次のように指摘している。

「民間が復興投資を行うのはあくまでも資本の論理に基づくものであり、きれい事ではない。投資採算に合わない金はつぎ込めないのであり、仮に官側に民間の慈善事業的行為を期待する気持ちがあるとすれば、ここでも行き違いが生じてしまうのである。時間との闘いが既に始まっている今、民間の復興意欲を奮い立たせる抜本策が急がれる」

東日本大震災から半年を過ぎた今（執筆当時）、原発問題や政治的混乱といった要因も加わり、被災地内にこうした無力感、絶望感が広がってはいないだろうか。この点においても、阪神大震災からの復興遅れと同じ轍を踏んでもらいたくはない。野田新内閣（当時）が復旧・復興に腰をすえて取り組む際、教訓としてもらいたいものである。

復興状況の把握には日銀券の動きに注目

ところで、私が早期復興の障害として三枚の厚い壁の存在を指摘し、これらを取り除く必要性を声高に叫び続けたのは、多くの被災企業や被災者たちの切実な声を背景としたものであるが、経済人として被災地経済の実態を直視したうえでの率直な不安や心配に基づくものでもあった。

図表5　震災後（1995年）の日銀券受払状況

（日銀神戸支店・前年比％）

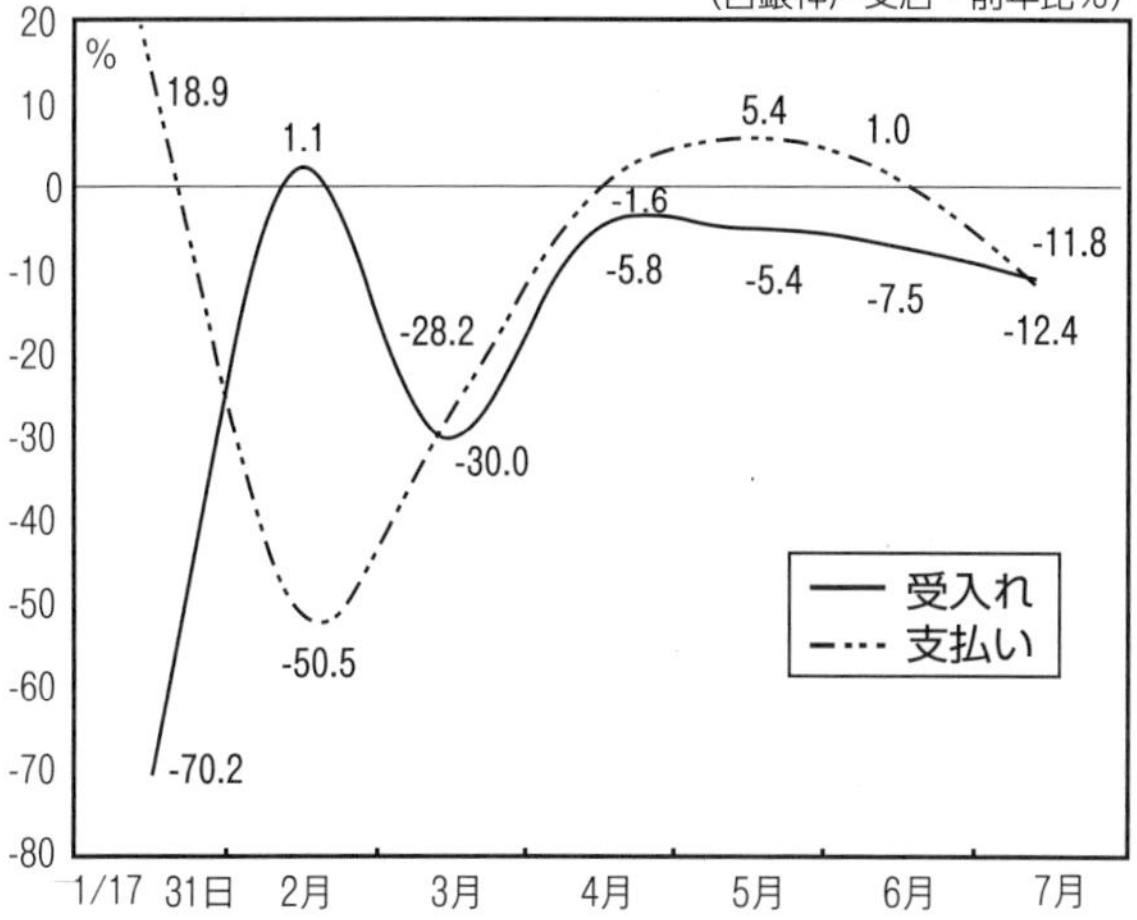

とりわけ経済指標として注視していたのが日銀券、すなわち「お札の動き」であった。日銀券の動きは経済活動を映す鏡といわれているが、震災以降の動きを子細に見ると被災地経済の立上がり状況を実に正確に示していた。**図表5**は震災以降の日銀神戸支店における日銀券の受払状況（前年比％）を示したものであるが、震災後１～２カ月の動きは震災対応の異状な動きを示し、受入れと支払いに極端な差がみられた。

それが３月に入ると受払規模のバランスは通常の姿に戻り、受払いともに震災前の７割程度に戻っていたことが分かる。そして４―６月には支払いが震災前のレベルにまで回復。これは民間経済の回復が

7～8割にもかかわらず、財政の両年度会計や政府系金融機関の貸出等に伴う活発な財政資金の支払いに加え、保険金の支払いも始まったことによるものであった。

一方、受入れは支払いとは様変わりし震災前の数％減と落ち込んだ。これは被災地で支払われた日銀券が大阪等他地域で使われたことを意味しており、商業、レジャー等の三次産業の復興遅れ、低迷ぶりを如実に示すものであった。7月に入ると受入規模がさらに縮小すると同時に支払規模も前年を1割以上、下回ってしまったのである。

規制撤廃・ギャップ解消を関係各方面に働きかける

この日銀券の動きは復興遅れの実態を示すものと考え、その要因分析と具体的対応策を懸命に模索したのであった。まず受入れの落込みは第三次産業の回復遅れによるものとみられ、この回復のための手段を早急に講じる必要があった。

一方、支払いの落込みは民間の経済活動の一層の衰退を反映したものと推論したが、通常ボーナス資金の支払いが嵩《かさ》む時期であるにもかかわらず、日銀券支払額の総量が大幅に落ち込んでいるのは雇用者数の減少と給与・賞与の支払額減少の相乗効果、すなわち民間経済の一層の低迷と判断せざるを得なかった。

東日本大震災の被災地は広域であり、首都圏経済も巻き込んでいるため、各地域内の日銀券の動きが被災地経済の実態を正確に反映するかは分からないが、一つの指標として今後の動きを注視していく必要はあろう。すでに日銀内でも日銀券の動きにフォーカスした分析が行われているものと期待している。

さて、日銀券の動きにも裏付けられ復興遅れの実態とその要因が明白となったわけだから、早期復興のための手立ても明らかだった。つまり諸々の規制を取り払い、多くのギャップを解消し、その結果として被災地の企業や個人の復興意欲を盛り上げれば、復興の動きは勢いづくはずであった。

そのための四つの柱として、私は①経済特区を含む規制緩和・撤廃、②中央と被災地のギャップ解消に効果的な公共投資の早期重点投入、③金融面の積極的バックアップ、④ヒト集め、カネ集めの推進などを掲げ、関係各方面に働きかけたのである。

第6章　早期復興へ向けての具体策①
〜規制緩和・撤廃を具体化したエンタープライズゾーン構想〜

神戸らしさを活かした三つのゾーン形成

阪神大震災からの早期復興へ向け必要とされた規制緩和や撤廃を具体化した施策が「エンタープライズゾーン構想」であった。これは当時、諸外国で実施されていたゾーニング（地域を用途により区別すること）を活用した産業振興策（**図表6参照**）に倣ったものであり、阪神復興にあたっては先進国の成熟経済パターン、具体的にはイギリスのエンタープライズゾーンを手本として構想が練られた。

この先進国型ゾーニングにおいては、特定地域の特徴を活かした経済立て直し策が講じられ、結果としてその国全体の産業振興につなげるというものであり、まさに阪神地域復興に必要な内

	先進国の成熟経済
	被災地域の復興 経済衰退地域の再開発 雇用機会の創出、新産業の育成
	産業基盤の整備 開発用地の優遇分譲・貸与 建築等規制の緩和 税制優遇・補助金
	中央政府、地方政府の監督のもと地域ごとに開発公社等を組織して運営されることが多い
	経済的に衰退して、再開発が必要な地域を対象とする
	地域が抱えている問題を解決するためにゾーニングがとられる。地域振興が主要課題である

（阪神・淡路産業復興推進機構　資料）

容であった。

　このため「産業復興なくして震災復興なし」の考え方のもとに設立された㈶阪神・淡路産業復興推進機構（理事長・貝原俊民前兵庫県知事）が旗振り役となり、大幅な税制優遇措置、産業振興策の実現に向けて動き出したのであった。私もこの考え方に賛同し、神戸経済同友会の活動をベースにエンタープライズゾーン・神戸版の具体的内容をアピールすることとした。

　私が考えたのは神戸らしさや特徴を活かした三つのゾーン形成であった。まず第一がフリートレードゾーン、「日本の香港」を作ること。世界屈指の港湾機能を有し、アーバンリゾートとして外国人や若

図表6　ゾーニング策の二つのパターン

	途上国の追い上げ経済
主要目的	外国資本の導入 技術移転 雇用促進
主要優遇策	産業基盤の整備 開発用地の優遇分譲・貸与 輸入・為替・資本等の規制の緩和 税制優遇・補助金
運営主体	輸出加工区庁、投資委員会など、ゾーンに関する権限を集中した中央官庁を組織する場合が多い
立地選定	経済発展が見込まれる地域を指定し地域の新規開発を行う
立地選定の留意点	国全体の産業振興の視点から、発展の潜在力の最も高い地域が選ばれる

者達にも人気の街並みを有効に活かすことができるからである。第二がアミューズメントゾーン、「日本のラスベガス」を作ること。もともと神戸はサービス産業が発達し、おしゃれなエンターテイメント機能を有しているためである。

そして第三がタックスフリーの金融取引ゾーン、「日本のケイマン諸島」を作ること。商都大阪とのタイアップも可能であり、首都圏の金融取引バックアップゾーンとしての機能も視野に入れた。

懸命に働きかけるも、中央の厚い壁に阻まれる

これらの実現には、規制緩和・撤廃、市場開放、外資誘致、税制優遇措置等が必要だが、日本経済全体の閉塞感打破にも資することから、阪神経済の復興がその突破口になるとの問題意識も存在した。推進機構事務方トップの大角晴康・副理事長（当時）はこうした考え方を実現すべく中央省庁、政治家等に対し懸命の働きかけを行ったが、その返答は「一国二制度はまかりならん、ましてや多制度など論外」とニべもなかった。

大角さんと私はこうした対応に失望し、嘆きながら幾度かチャレンジしたものの、中央の壁の厚さには如何《いかん》ともし難いものがあった。大角さんは後に神戸都市問題研究所の機関誌「都市政策」第87号（平成9年4月刊）にこう記している。

「中央集権行政を続けているにも拘わらず日本政府が被災地への産業復興支援を認めないという事を先進国の一員である日本の国民としていったいどう考えればよいか。（中略）この大震災を国全体の危機課題としてとらえる見方が日本社会にあったのは震災後ごく限られた期間のみであり、特に国全体の産業の大革命の中へ被災地産業復興を取り込んでいくという発想は皆無に近く、その無関心さに痛く失望した次第である（後略）」

そして私と二人、苦い酒をくみ交わしたものであった。

こうした経緯のもと、兵庫県と神戸市では中央政府に依存せず自らの財政負担でエンタープライズゾーン計画を条例化し、震災後2年経た平成9年からスタートさせている。

しかしながら地方行政レベルの権限は限られており、地方税減免や不動産取得の手続き簡素化などが精一杯の施策であった。その結果、不動産がらみの優遇策に偏り全体として、産業復興策としてのインパクトに欠けたものにとどまってしまったと指摘できよう。

早急な実現が望まれる 被災地の特区構想

時代は移り、地域経済活性化策として様々な特区が認められるようになったのは真に結構なことである。特に、東日本大震災復興へ向けエンタープライズゾーン的特区が実現できれば大きな力となると思われるが、仄聞《そくぶん》するところ様々な既得権益的利害も絡み、調整が難航しているとか。ここは中央政府が強力なリード役、調整役となり、まずスタートさせることが大切であろう。

これは、中・長期的にわが国全体の利益につながっていくことは間違いない。特に岩手県や宮城県が提案しているまちづくり特区、民間投資促進特区、水産業復興特区などの特区構想は、被災地域の切実なニーズだと思われるため、早急な実現が望まれる。

こうした中、東京都が総合特区構想を打ち出したとのこと（平成23年9月23日、日経新聞）。その内容はまさにエンタープライズゾーンそのものであり、東北復興施策と併せ、日本経済全体の再生のためにも、ぜひとも実現してもらいたいと思う。

第7章　早期復興へ向けての具体策②
～被災直後から小口・大口の決済機能の維持が求められる～

金融面での積極的なバックアップが不可欠

〝お金〟は経済の血液であり、〝お金〟が回らなければ経済活動は停止してしまう。したがって、大災害時には被災後の混乱・パニック防止のためまず金融機能の復旧・維持が必須となり、その後の経済的復興へ向けての礎となる。そして復興段階に入ると被災地経済を金融面から積極的にバックアップすることが欠かせない。

具体的には、被災直後はまず小口の決済機能と大口の決済機能を維持し、仮死状態に陥っている被災地経済を蘇生させることだ。これは日銀と金融機関双方で命がけの共同作業となる。その後、金融機関の本業である金融仲介機能をフルに発揮して復興への道筋をつける役割を果たさなくてはならない。サポート役というよりは主役という覚悟を持つ必要があろう。
では、阪神大震災において、これらのことはどう果たされたのであろうか。以下、具体的に振り返っていく。

①小口決済機能の維持

東日本大震災の発生は平日の営業時間中であったが、阪神大震災は三連休明けの平日早朝、営業開始前に発生した。そのため、小口決済機能の要である現金供給体制の確立に多少手間取ることとなった。金融機関は通常、日銀当座預金を引き落として現金を入手し、預金者等の現金需要に備える。このためには、①日銀が通常どおり営業し、②金融機関がこれに応える体制をとり、③預金者も通帳・カードを所持するなどの条件が整っていなくてはならない。

被災金融機関の臨時店舗を日銀神戸支店内に開設

しかし阪神大震災では、ここに問題が生じた。**図表7**は平成7年1月18日、震災発生翌日の兵庫県内金融機関店舗営業状況である。7業態合計1155店舗のうち440カ店、実に4割近く

図表7　兵庫県内金融機関店舗営業状況

業態	数	店舗数	1月18日の状況	
			営業店舗数	休業店舗数
都銀	11	227	125	102
長信銀	2	2	0	2
信託	6	17	10	7
地銀	13	122	72	50
第２地銀	12	254	106	148
小計	44	622	313	309
信金	15	422	325	97
信組	15	111	77	34
合計	74	1,155	715	440

（日銀神戸支店調べ）

が休業状態となった。被災地域に店舗の多い都長銀、信託、地銀等の合計では、約５割が店を閉めざるを得なかったのである。

１月17日午前９時、日銀神戸支店は通常どおり営業を開始したが、当日の金融機関からの現金支払い要請はゼロ。各行庫とも店舗被災状況の確認と対応に追われ、日銀からの現金引出しどころではなかったためだ。この間、日銀神戸支店では、近畿財務局神戸財務事務所と連携し「金融特別措置」を発動。これは、預金者が通帳・カード・印鑑等がなくても本人確認を前提として預金の払戻しに応じるよう金融機関に指示するものであり、金融面からの被災者支援の第一歩と位置づけられる。

しかし翌日、金融特別措置を発動しても救えない預金者の存在が判明した。被災地に店舗が一つ二つしかない都銀等で店舗が営業不能となるケースが続出したため、その預金者が現金を手にすることができない事態となったのだ。停電等でＡＴＭは機能不全、カードを持っていても他行から支払いを受けることも不可能だった。

日銀神戸支店ではこれに対応し、1月20日から18行の金融機関の臨時店舗を支店内に設け（うち4行は当時のさくら銀行本店営業部内ロビー）、預金者の払出し要請に応じることとしたが、現金供給体制が一応整うのに3日間を要したことになる。

被災から1週間後に、手形交換機能を回復させる

②大口決済機能維持

インターバンクの大口決済機能の要である日銀ネット、全銀システム等で一部参加不可能先が出たが、代替手段で対応し大きな混乱は生じなかった。しかし、企業活動と密接に係る手形交換所が近隣ビルの倒壊に伴い立入禁止となったことなどから閉鎖を余儀なくされた。これが長期化すれば企業間取引の未決済残高の累増を招き、手形受取企業の資金繰りに悪影響が出ることは間違いなく、結果として被災地経済の立上げにも支障が出ることが懸念された。

このために、日銀と神戸銀行協会では早期再開を急ぎ、さくら銀行の空きスペースを借用し臨時手形交換所を設けることとした。人手不足から早期再開に後向きな金融機関も出たが、これらの不参加覚悟で見切り発車に踏み切ることとし、被災から１週間後の１月24日に手形交換機能を回復させた。

この手形交換所の再開にあっては、金融特別措置に「…支払期日が経過した手形について関係金融機関が適宜話し合いのうえ、取立てができることとする…」との指示があるため、次の諸措置を講じることとした。すなわち、①支払呈示期間を過ぎた手形の交換持出しの許容、②取引停止措置の猶予、③被災金融機関持帰り手形の不渡返還期限の延長などだ。

これらの措置は被災企業の資金繰り支援、事業活動の復旧・復興に向け大きな力となったが、一方で時間が経つにつれ特別措置を悪用し、被災後振り出した手形等の決済に応じないという事例も出始めた。このため神戸の企業が現金取引を強要されるとか、取引自体を拒否される事態も招き、被災企業支援のための措置が逆に苦しめることとなったのである。

特に立場の弱い中小零細企業からの要請が強く、半年後の7月、本措置を解除することとなった。今般、東日本大震災において手形に関する特別措置が年末まで延長されたとのことであるが、神戸のような事例が出ないよう監視が必要であろう。

いずれにせよ、被災地経済復興のためには、被災直後から金融機関の決済機能が有効に働くことが必須である。金融機関はそれだけの社会的責任を負っているとの自覚を持ち、日頃から必要なマニュアルの習熟・訓練に怠りがないよう心がけていただきたい。

第8章　早期復興へ向けての具体策③
～緊急支援が一段落した後は民間金融機関の融資の出番～

復旧のメドが立たない中で　融資姿勢は及び腰に

被災直後の決済機能の維持を柱とする金融面からの緊急支援対策が一段落すると、復旧・復興のための資金需要が発生する。どの災害時にも同様であるが、まずは政府系金融機関や地公体による公的な支援融資制度が打ち出され、次いで民間金融機関の出番となる。

阪神大震災では、甚大な経済的被害に伴う企業や個人の資金需要は膨大であり、これらに民間金融機関がいかにスムーズに対応するかが早期復旧へのポイントとなったことは言うまでもない。しかし復旧・復興のメドが定かでない状況では、金融機関の融資姿勢も及び腰とならざるを得なかった。

図表8は平成7年1～3月中に寄せられた民間金融機関に対する融資要請金額とこれに対する融資実績である。1兆円強の要請に対して1200億円強の実績にとどまり、この時点では被災地金融が円滑かつ迅速に取り運ばれたとは評価できない状況であった。

①阪神復興支援日銀特別貸出

こうした状況に対し、日銀では民間金融機関を支援し、かつ背中を押すため、平成7年7月に阪神復興のための特別融資制度を創設した。この貸出枠は5000億円であり、膨大な復興資金需要をすべて賄える額ではないが、これが呼び水となって詰まりがちとなっている被災地金融を後押しする狙いがあった。現地支店長である私には、日銀のこうした積極的な行動が被災者の気持ちを少しでも奮い立たせられればとの思いがあった。

なぜ被災地向け日銀貸出が十分に機能しなかったか

しかしながら、この制度を活用した金融機関は地元地銀・信金のみであり、金額も2200億円と枠の半分にも満たず、せっかくの被災地向け日銀貸出が十分に活かされなかった。なぜこう

図表8　復興資金需要と融資実績（平成7年1～3月中・単位：億円）

需資先＼業態	地公体・外郭団体		民間企業		合計	
	需資	実績	需資	実績	需資	実績
地元銀4行	2,302	275	5,547	467	7,849	742
地元13信金	27	7	939	159	966	166
出先都長銀7行	80	5	1,736	325	1,816	330
合計	2,409	287	8,222	951	10,631	1,238

（日銀神戸支店調べ）

なってしまったのだろうか。周辺事情をヒアリングして状況を分析した結果、これは次の２点によるものと指摘できる。

第一に、制度実施直前の７月７日、日銀は金融緩和策としてコール市場レートの低め誘導を実施した。このため主に都銀（地元も含め）は日銀借入より低いレートで資金を調達できる状況となったこと。第二に、貸出枠５０００億円の配分を兵庫県内金融機関の融資シェアで割り振ったため、シェアの小さい地元地銀・信金への配分が低くなってしまったことだ。

前者は一見もっともらしい理屈だが、融資を渋りたい本音を隠す口実としか思えず、「大きなお世話。

背中など押してくれるな」との都銀本部の声が聞こえてくるようであった。すべての都銀がゼロというのはどうにも解せず、本当に悔し涙を流す思いであった。

しかし後者については、現地支店長である私の失敗、もう少し実態を見極めて制度設計をすべきであったとの反省の思いはある。今般の東日本大震災からの復興においても、日銀は支援融資制度を設けているが、当初枠1兆円と阪神大震災時より倍増し、割当てでなく入札制にするなど制度は改善されている。これが有効に機能することを願ってやまない。

一筋縄ではいかなかった、みどり銀行の設立

②地元トップ地銀の破綻と再生

こうした中、平成7年8月31日に地元地銀トップの兵庫銀行が破綻した。震災前から経営面に問題を抱えていたが、震災被害がその引き金となったことは確かである。問題になったのは、兵庫銀行の融資機能に依存している地元の中小零細企業への影響であった。震災によるダメージに加え、メイン先の破綻は復旧・復興にとって大きな痛手となるからであった。

このため、大蔵省・日銀は単に破綻処理をするのではなく、新たに受皿銀行を作り、震災復興に必要な地域金融機関として再生させることとした。これは平成８年１月、震災から１年後に「みどり銀行」として発足したが、その後紆余曲折を経て平成11年、現在の「みなと銀行」となっているのはご承知のとおりである。

ところで、みどり銀行の設立にあたっては、当然のことながらすんなりと事は運ばなかった。「阪神復興のための銀行」を前面に打ち出し、私自身地元有力企業に日参。出資を依頼して回ったが、そう簡単に「ＹＥＳ」の返答はもらえなかった。旧兵庫銀行の株主である取引先中小企業は株主責任を取らされたばかりであり、とても二つ返事とはいかない気分。地元有力企業は直接の取引関係が薄く「阪神復興」の大義名分があるとはいえ、前向きに応じる状況ではなかった。

しかし私の説得に応え、ダイエーの中内功さんが出資を決断されてから地元企業も動き出すこととなり、出資のメドがついたのである。なお、ダイエーはみどり銀行への出資の際のプレスリリース文に「……本件は日本銀行神戸支店長遠藤勝裕氏の強い要請に基づくものである」との一文を入れることを条件としたが、もちろん異論はなかった。そして、この発表文が他の有力企業を動かす力になったものと推測される。

今般の東日本大震災からの復興においても金融機関の融資機能は一段と重要になってくるが、地元地銀・信金が公的資金を導入し、融資体力を補完するとのこと。被災した中小事業者へのしっかりとした支援を期待したい。

第9章　早期復興へ向けての具体策④
～復興は時間との闘いとなるため
公共投資の早期・重点投入が必要～

道路行政の不備が復興のボトルネックに

被災地の経済的復興、それに伴う被災者の生活再建のために最も求められたのが公共投資の早期・重点投入であった。第2章で復興投資のボタンのかけ違いを指摘し、復興投資名目の公共投資の中身に問題があったとしたが、その着工や完成時期の面でも被災地を苛立たせたのだった。

東日本大震災から1年近くを経た現在（執筆当時）、被災地仙台では復興特需で沸き返っているとの報道が見られる一方、復旧が遅々として進まない津波被災地域の苦しみも伝えられている。このギャップが被災地全体の復興の足を引っ張るであろうことは、阪神大震災での経験から予想されることである。同じ誤ちを繰り返さないためにも、被災当時の神戸で起きた事実を振り返りながら、復興に必要な公共投資の早期・重点投入とは何であったのかを検証していきたい。

平成8年1月22日、私は日銀支店長会議において被災後1年目を迎えた神戸の実情を報告した。そこでは「阪神経済の復興状況は達観すれば震災前の8割程度…、しかし今後これは7割、6割と後戻りしかねない恐れがある…」としたうえで、その要因として様々なボトルネックの存在を次のように指摘した。

「復興関連で活況を呈している住宅や公共事業においてすら許認可事務の遅れや設計技師の不足などから、まず着工にかかるまでが大変。着工してからも大工や左官等の技能工が足りないとか、指定工事業者制度等の壁にはばまれ水道工事が進まないなどがネックとなり、大幅な工事遅れが常態化しているのが現実です」

このことは被災者の生活再建の遅れに直結したのであるが、阪神経済全体にとって最も深刻であったのは阪神高速道路がなかなか開通しないことであった。報告ではさらにこう続けている。

「港湾や商業、流通、飲食等サービス関連では、道路行政の不備が文字どおりボトルネックとなっており、関係者は苛立ちを募らせております」

図表9　輸送インフラの復旧完了日

鉄道		道路	
輸送インフラ	復旧完了日	輸送インフラ	復旧完了日
JR山陽新幹線	1995. 4. 8	阪神高速道路神戸線	1996. 9.30
JR東海道・山陽線	1995. 4. 1	阪神高速道路湾岸線	1995. 9. 1
阪神電鉄	1995. 6.26	阪神高速道路北神戸線	1995. 2.25
阪急電鉄	1995. 6.12	名神高速道路	1995. 7.29
神戸電鉄	1995. 6.22	第二神明道路	1995. 2.25
山陽電鉄	1995. 6.18	中国自動車道	1995. 7.21
神戸市営地下鉄	1995. 3.31		
神戸新交通	1995. 8.23		
神戸高速鉄道	1995. 8.13		

出所：兵庫県『阪神・淡路大震災の復旧・復興の状況について』2010年10月

大幅な工事遅れの原因は行政都合で進められたこと

図表9は被災後の輸送インフラの復旧完了日である。鉄道関連が比較的早期に復旧したのに対し、道路関係、とりわけメインの阪神高速道路神戸線の遅れが際立っていた。何カ所にもわたり横倒しになった高速道路の無残な映像は皆さんの記憶にもあることだろう。

これを片付けるだけでも大変であったのではと推測されるかもしれない。しかし片付けはあっという間で、驚くほど早かったのである。それなのに、なぜ工事が遅々として進まなかったのか。

平成23年5月、今後の災害対応の資料として発刊された『災害対策全書』（ひょうご震災記念21世紀研究機構刊）の中で林敏彦氏（同志社大学政策学部教授）はその事情を次のように指摘している。

「被害が大きく難工事だったこともあり、また地域事業体への配慮等も働いて、復旧区間が細切れに発注された。それぞれの工事区間は独自のペースで復旧していき、すべての区間の工事が完了するまで高速道路は開通できなかった」

かなり遠慮気味な記述だが、この裏に工事遅れの原因に対する憤りも読み取れる。開通したのは被災から1年9カ月も経った平成8年9月30日であった。このことを皆さんはご存知であろうか。もっとも、工事関係者は同じ災害対策全書の中でこう述べている。

「関係者の懸命の努力により予定より3カ月も早く開通にこぎつけた」

予定どおりとしたら、「被災後2年」ということである。地域経済や被災住民の視点からではなく、行政や工事関係者の都合・論理で復興が進められた典型的な事例であろう。ＪＲ西日本が鉄道の復旧にあたり、「できたところから動かす」とし、順次開通させていった姿に被災地がどれだけ勇気づけられたことか。

被災地経済の特徴を踏まえ 公共投資の早期重点投入を

ソフト化された産業がメインの阪神経済にとって、阪神高速道路の開通遅れに伴う有形・無形のダメージは計り知れず、17年後の今でも諸々の経済的指標が低迷している一つの要因と指摘できよう。

被災地域の産業構造の特徴を踏まえ、復興のためにはどこに重点を置くべきなのかをしっかりと見極める必要があったのだが、当時の災害対応関係者の間にはそうした意識が不十分だったといえる。私は経済人の眼で復旧・復興状況をじっと見つめてきたが、その結果の一端を前記支店長会議で次のように締めくくった。

「これまでわが国の災害復旧のノウハウは基本的には治山・治水事業の延長線上にあり、ハード偏重、１次災害への対応が中心でした。ソフト面での災害対応のノウハウ・考え方はほとんどなく、また全体として関心も薄いことです」

ソフト化された阪神経済の早期復旧に最も急がれたハードは阪神高速道路であったにもかかわ

らず、それが最も遅れたことに問題があった。東日本大震災の復旧に向けて被災地経済の特徴をしっかりと踏まえた公共投資の早期重点投入をぜひ心掛けてもらいたい。関係者が時間との闘いであることを肝に銘じ、神戸の轍を決して踏まないことを願って止まない。

第10章　早期復興へ向けての具体策⑤

～復興支援に欠かせない「人集め・カネ集め」の推進～

出先企業が中心となり「何かを支店会」を発足

これまで見てきたように、阪神大震災の被災地では諸々の障害が横たわる中、諦めや無力感、ひいては先行きへの不安・絶望感等が徐々に広がっていった。これらが人々の復興意欲の減退をもたらし、一層復興遅れにつながるという悪循環に陥りかけていた。

被災地の経済復興に向け思いを巡らせている中、私が着目したのがまさにこの点であった。打ちひしがれる人達を励まし、勇気づけ、復興へ向け歩みを進められるようその背中を後押しする具体策を講じる必要性を痛感したのだ。

被災から3カ月目に入ったある日、私は神戸新聞の経済部長や全国紙、通信社の支局長に集まってもらった。場所は、細々ながら営業を再開して間もない三宮の居酒屋。薄暗い明かりが揺れる中、皆さんに次のような話をした。

まずは、地元企業や商店等事業者の経済的被害を少しでも軽減するとともに、それを通じ精神的ダメージをできるだけサポートする必要があること。具体的には神戸経済の特徴、すなわち第三次産業のウエイトが7割強ということをとらえ、「ヒトとカネの流れ」を取り戻す方策を講じることだ。

そのためには、被災地以外に本社機能を持つ出先企業が中心となって「人集め、カネ集めの集団」を組織し、一大キャンペーンを張り、具体的行動を起こす必要性を話した。私はこの集まりを「神戸復興支援！よそ者集団」と名付けることを提案したが、マスコミの皆さんから「ストレート過ぎる」との注文が入り、「支店の集まり」と関西弁を掛けた「何かを支店会」とのネーミングに落ち着いた。さすがはマスコミ人の感性というところであった。

早速、金融関係の支店長達に集まってもらい、できるだけ多くの企業に参加を呼びかけることとした。別掲はその際の勧誘文であるが、そこにあるように小難しい会則などはなし、神戸を愛

●「神戸復興支援！何かを支店会」勧誘文

記

1．会の名称
「神戸復興支援！何かを支店会」（仮称）
2．会の趣旨
神戸に人を呼び、神戸に活気を取戻す活動を行う
（神戸経済同友会のWelcome to Kobe & Buy Kobe's 運動を側面からバックアップ）
3．会　員
原則として神戸（象徴としての名称、もちろん阪神・淡路を含む）に事業所を有する出先企業、機関の代表者（次席者は自動入会、要すれば一事業所二名）で構成
4．会　則　なし（必要の都度とり決め）
5．会　費　なし（必要の都度徴収）
6．事務局　とりあえず日本銀行神戸支店
7．発起人

日本銀行	神戸支店長	遠藤勝裕
東京海上火災	神戸支店長	瀬尾征男
日本興業銀行	神戸支店長	岩田勝之助
日本長期信用銀行	神戸支店長	谷口浩章
三菱銀行	神戸支店長	蛭崎淳文
東京銀行	神戸支店長	岡田英雄
野村證券	神戸支店長	南尾光徳

し神戸の復興を願うよそ者達が気楽に集まり、飲み、食べ、お金を使い、人を呼び寄せる、そんな集まりであることを強調した。

市内ホテルで宴会を開き賑わいを取り戻す呼び水に

その結果、金融機関のみならず流通等サービス関連から製造業、マスコミに至るまで幅広い方々の賛同を得て、153社・300人強の会員を擁することとなった。支店会は毎月1度、市内ホテルの持回りで大宴会を開き、賑いを取り戻す呼び水役を果たすとともに会員企業、個人が独自で「人

集め、カネ集め」を活発に行った。

「被災者が苦しんでいるのに神戸で酒など飲んでいて良いのか」といった非難が逆に被災地を苦しめるという理解も進み、多くの企業が本社や大阪等で行う会議を神戸で開く、また全社レベルの中元・歳暮等に神戸産品を使う事例も広がっていったのである。

かく言う日本銀行も、9月初めに全店次長・事務所長会議の開催地を例年の東京から神戸に変更するという英断を下した。その会議の冒頭、私はこう呼びかけた。

「被災地神戸は見せ物ではない。したがって見物ではなく、しっかり見て学ぶ、見学をしていってもらいたい。そして同時に沢山お金を使い、おみやげを買っていってもらいたい」

この運動の成果が注目されつつある中、NHK国際放送で海外に向けこう発信した。

「(前略）支店会の成果は着々とあがりつつありますが、これで我々のボランティア活動も捨てたものではないなどと思うととんでもないことになると自覚しております。神戸の主力産業の1つである観光という側面では、まだまだ半分も戻っていないとの現実があるからです。(中略）海外の方も日本に来る機会がございましたら、ぜひ神戸に立ち寄っていただければと願っております」（平成7年11月14日NHKラジオ日本）。

この運動は、私の後任である額賀信支店長が「おいでよ神戸！」としてさらに拡大、活性化。神戸復興とともに、被災した皆さんの勇気づけに大いに貢献した。

福島県を支援するのは、全国民の仕事・責務

東日本大震災と原発事故に伴い厳しい風評被害に苦しんでいる福島のために、我々はいま何ができるのだろうか。東邦銀行をはじめとする地元金融機関が被災企業の支援や県産品の売り込みに奔走しているとの報道を見るにつけ頭が下がるが、これを全国レベルに広げることはできないだろうか。

福島県出身のセブン銀行の安斎隆会長は「放射能汚染物質の除染を進め、最終処分場を早く決めることが必要」としたうえで、「…今回の大震災を福島、そして東北、ひいては日本の再生と新しい国造りの契機にしなければならないと思う」（平成24年1月18日読売新聞・論点より）と指摘しているがそのとおりである。

風評被害に立ち向かう福島の人達をサポートするのは、全国民の仕事・責務と考えるべきだ。「神戸復興支援！何かを支店会」の心はまさにそこにあり、神戸から福島へのメッセージでもある。

第11章　被災後1年の阪神の姿
～遅々として進まなかった復興への歩み～

被災地以外の地域では、被災後1年で風化の兆し

これまで5回にわたり「早期復興へ向けての具体策」を示してきたが、うまく取り運べたこと・運べなかったことなど内容は様々であった。被災から1年後を総括してみれば、「復興の足取りは重く、遅々として進まなかった」のが現実の姿であった。

とりわけ懸念したのが被災後、早や1年にしてあれだけの大震災、大災害に見舞われたことが、被災地以外では風化しかけていたことであった。平成8年1月の日銀支店長会議において、この点について次のように報告した。

「当地発の諸々の復興関連要望の多くを、地域均衡主義の名の下に『地域エゴ』あるいは『焼け太り』といった一見もっともらしい言葉ではねつけているのは大きな誤りということです。阪神

読売新聞 朝刊 平成８年２月１日付

国は神戸に冷たい…

日銀支店長政府を批判

日本銀行神戸支店の遠藤勝裕支店長は三十一日の記者会見で、阪神大震災の被災地復興に対する政府の姿勢について、「被災地への予算の重点投資を地域エゴというなどとんでもない」と痛烈に批判した。産業活動が活発で納税額も多い「プロフィット（利益）センターの復興こそ国益に沿う」との持論を展開したもので、二十三日まで東京で開かれた日銀全国支店長会議でも同じ意見を述べたという。

遠藤支店長は、同支店への租税納付額などを基に、一九八五年からの十年間に兵庫県内の被災地の企業、個人が払った税金を二十一兆三千二百億円

地区はわが国の重要なプロフィットセンターである、という事実が忘れられているのです。『阪神地区のみ優遇するわけにはいかない』という地域均衡主義の考え方はコスト部門における予算分捕り合戦の論理であり、プロフィットセンターの早期再生というわが国全体の利益に沿うものでありません。何よりも、当地が深刻な打撃を受けた被災地であるとの事実すら忘れられている気がします」

金融機関の不良債権問題が表面化し日本経済全体に暗雲がたち込める中、「いつまでも阪神のことばかりにかかわり合っていられない。我らが地域も困っているのだ」との風潮が出始めたのは由々しきことであった。このため、こうした報告内容を会議

記者会見が新聞に大きく取り上げられる

「能力ある地域」を強調

と試算し、「これだけ働いてきた地域が大災害に見舞われたのに、(国の) 対応があまりに冷たい」と批判。

「神戸だけを特別扱いできないとの地域均衡主義で復興予算の多くがはねられたが、負担能力のある地域にこそ金をつぎ込み、早く再生させるべきだ」とし、総額十七兆円の県の復興計画に「国の支援は当然」と強調した。

後の定例記者会見でアピールすることとしたのである。

国益につながる理由を 新聞紙上で3点から主張

通常、私の記者会見の内容など地元の神戸新聞が詳しく報じるぐらいで全国紙は地方版に精々ベタ記事の扱い。ところが、これについては朝日新聞も読売新聞も全国版で「日銀支店長が反論」「国は神戸に冷たい」（**別掲**参照）という大見出しの扱いとなった。どうやら「犬が人間にかみついても記事にならないが、人間が犬にかみつくと記事になる」とのマスコミ報道の原理原則そのものであったようである。

当然、日銀内外から色々と問い合わせがあったが、事実を事実として報告し、それが報道されたわけだから問題にされることはなかった。少なくとも私の耳には表向き入ってこなかった、というのが正しい言い方かもしれないが。

ところで、この騒ぎの後、最もセンセーショナルな見出しを付けた読売新聞が私の主張をきちんと読者に示す場を提供してくれた。具体的には平成8年3月1日付「論点」であったが、そこで私は特に次の三点を強調した。

まず第一は、ソフト化された被災地経済の再生には規制緩和や税制優遇措置といったソフト対応が必要であり、神戸でその「良き前例」を作る必要があること。

第二は、わが国で徐々に進行している高齢化や中心市街地空洞化といった流れが、阪神地域では震災により一気に進行し、経済的、社会的活力低下という問題点が噴出していること。そしてその解決のための経済政策、福祉政策両面での対応が、今後、構造改革を迫られるのであろう我が国全体の指針になること。

そして第三に、長年高額納税者として国に貢献してきた企業や個人がある日突然奈落の底に突き落とされたのであり、国が特別に救いの手を差し伸べるのは当然であること。すなわち、他地域との比較による「NO」の論理ではなく、早期再生のための温かな心配りが必要であり、それが結果として再び高い担税能力を蘇らせることである。

東日本大震災も 必ずや風化との戦いが始まる

以上、指摘した三つのポイントから分かるように、阪神地域への特別対応による早期復興は構造改革の側面からも担税能力強化の観点からも国益に直結するプロジェクトであるということであった。被災から18年目を迎えた神戸を中心とする被災地域全体の経済・社会状況を眺めてみると、残念ながら17年前に「論点」で期待した「国益を担う」形での復興は実現していない。このことは第1章「復興の光と影」で指摘したところである。

翻って東日本大震災から1年を迎えた現在（執筆当時）、必ずや神戸が体験したことと同じ「風化との戦い」が始まるものと思われる。あるいは地域によってはすでに始まっているのかもしれない。

今後、神戸の轍を踏まないためには、「東日本大震災からの復興がなぜ国益につながるのか」という論点をきちんと整理し、堂々と胸を張って復興に向け主張すべきことを主張していくことが必要であろう。

そして「被災地、被災者のための復興」との基本を忘れたボタンのかけ違いだけはしてほしくないものである。

第12章　復興に向けた6つのキーワード
～神戸の轍を踏まないためには何が必要となるか～

基本中の基本となる「民間活力」での復興

東日本大震災から1年目を迎えたが（執筆当時）、遅々として進まない復興への焦立ちも目立ってきた。週刊ダイヤモンド平成24年3月10日号の特集は「だれが復興を殺すのか」をテーマとして諸問題を指摘。そのうえで「神戸の轍を踏むな」と結んでいる。私がこの1年論じ続けてきたことそのものである。

ここで被災地経済復興へ向けたキーワードをまとめて提示したい。これらは復興上の問題点や解決のために必要な事柄などを基にした東日本復興へ向けた神戸からのメッセージである。反面教師となるもの、あるいはお手本とすべきことなど受け止め方は様々であろう。

①民間活力

被災直後は「公共投資の早期重点投入」が欠かせないが、中長期的には復興の主役は民間であり、「官」はあくまで脇役である。同志社大学教授の林敏彦氏は「予算を急いで執行しようとすれば箱物優先の公共事業が相次ぎ、地元自治体が事業資金の後年度負担に耐えられず、立派な施設が野ざらしになりかねない」（平成24年2月2日付・日本経済新聞）としたうえで「神戸市内には地元経済の活性化を先導する目的で建設された再開発ビルに入居者が集まらずシャッター商店街になっているところもある」（同）と嘆いている。

私は17年前にこのことを予見して「民間のダイナミックな復興への取組みを手助けするのが官側の役割。街作りの主役は民間」（平成7年9月・月刊神戸っ子）と指摘し、「このままでは官製のゴーストタウンができかねない」（同）と警告した。残念ながら、いまそのとおりになっている。

このキーワードは「何事もお上頼み」への戒めの意味をも込めている。官民双方のもたれ合いや結果責任の押し付け合いが多くの不幸な事実を生んでしまった。「民間活力」は復興へ向けた「基本中の基本」のキーワードである。

被災地が全員参加の意識でまとまることが必要

②全員参加

復興にあたっては被災地域の住民全員が意識を同じにし、同じ目的に向かって進まなくてはならない。しかし神戸では復興の最中、市民の意識が真っ二つに割れてしまった。被災直後、「神戸空港は予定どおり着工する」との市長発言に多くの市民が疑問を抱いた。そして復興の正念場に市民が一枚岩とはならなかった。空港問題の是非をここで論じるつもりはないが、少なくとも市民の意識が分断されたことは復興にとってマイナスであったことは事実である。

東日本大震災から1年が経過した今、被災地が広範なだけに〝被災地内ギャップ〟が目につき始めている。特に原発問題を乗り越えるためには、被災地が全員参加の意識でまとまる必要があるが、瓦礫処理問題を見る限り落胆せざるを得ない。日本全体が被災地のはずであり、国民全員にその意識がない限り解決はほど遠い。いまこそ〝絆〟の言葉が活きるはずだ。

③宝を活かせ

私は日銀勤務の折、全国各地で生活をしてきたが、どの地域にも宝が溢れ返っていた。災害からの地域復興には、まずこの宝をいかに活かすかがポイントとなる。

神戸の宝は何であったろうか。おしゃれな街並み、世界有数の港湾機能など思いつくだけでも10指に余るが、それらが一瞬のうちに崩壊した中、復興の方向は自ずと見えていたはずだ。〝創造的復興〟のかけ声の下、箱物中心、官製の街づくりに宝は活かされただろうか。「復興の光と影」と指摘した影の部分が広がっている現実を見るとき、改めて〝神戸の宝〟を見直し、方向転換の必要性を痛感している。東日本大震災復興にあたり、この側面でも神戸の轍を踏んではならない。

④ＹＥＳからの出発

被災当初、中央の人はあまりの被害の大きさに驚いたのか、「被災地復興のためなら何でもする」との言葉を連発した。しかし諸々の規制で多くの要望がはねつけられる度にその言葉のむなしさを感じた。規制緩和や税制面等でのソフト対応への要望に「ＹＥＳ」と答えてもらいたかったのであるが、結果はそうはいかなかった。

その後、中越地震など多くの震災体験の中、改善された事柄も少なくないが、東日本復興にあたってはさらに思い切った〝ソフト対応〟も必要であり、それにはまず〝YES〟の姿勢である。

「よそ者の知恵」が復興に大きな力を発揮する

⑤論より行動

これは「評論家への戒め」の言葉だ。大災害時の復興にあたり最も求められることは、当事者を含めすべての人々が評論家を脱し、行動することである。その意味で忘れられないことが一つある。平成7年末に復興の呼び水として「光の祭典　神戸ルミナリエ」が企画されたときのこと。市民も企業も関係者もこぞって大歓迎の論調だった。しかし実行の最終段階に入り、必要な電気設備の設置場所がないとの壁にぶち当り、誰も解決に動かなかった。

復興論議には参加するが、行動が伴わない典型である。開催不可能の瀬戸際、異例措置としてその設備を日銀神戸支店の裏庭に設置し事無きを得た。復興は正直、力仕事であり、一人ひとりが行動しなくては重たい車は動かない。東日本関係者の皆さん全員の行動力に期待したいし、私も一市民としてその一翼を担うつもりである。

⑥よそ者の知恵

　阪神大震災を語るとき、「ボランティア元年」の言葉を忘れてはなるまい。多くのよそ者達が必死で走り回り、知恵を絞り、被災直後の困難を乗り越える力になったばかりでなく、その後の街の再建時にも大きな力を発揮した。

　東日本大震災でも多くのボランティアが活躍していることはうれしい限りだ。体力と冷静な頭、大災害時に求められる「よそ者の力」は、阪神大震災が残した日本の宝物だと思っている。「神戸復興支援！何かを支店会」の活動もその一つのモデルとして記憶にとどめていただきたい。

第13章　被災1年後の神戸経済
〜全体では8割復興ながら、バックスピンの恐怖も〜

低調振りが著しかった商業・サービス業

これまで被災直後ほぼ1年間の神戸経済の実情、内在した問題点等について論じてきた。前章はそれらの事柄を踏まえて復興への6つのキーワードを提示したが、果たして現実の復興の姿はその後どうだったのか。

18年後の神戸の現状は〝官製復興計画〟の結末として、〝復興災害〟と極論する人がいるほど芳しいものではない。東日本大震災から1年を経た今（執筆当時）、被災地の復興へ向け本腰を入れていかなくてはならないが、その参考として改めて神戸の歩みを振り返りながら、東日本復興の現実を見つめつつ、我々は何をしなくてはならないのかを考えていきたい。

さて、被災翌年の平成8年3月29日、私は㈶阪神・淡路産業復興推進機構・神戸新聞社共催のフォーラムで「神戸の進路」について講演をした。民間の経済人が神戸の進路を自ら考えるとの趣旨で催されたもので、私はそのトップバッター。この講演で私は、「マクロ指標やミクロ情報から総合的に判断して震災前の8割程度にまで戻った」と述べた。

しかし**図表10－1・10－2**を見ると分かるように、商業・サービス業の低調振りが著しかった。神戸経済は所得レベルで65％、雇用レベルで70％が第3次産業であったため、「ここにバックスピンの根因がある」と指摘。そのうえで、「これは、人口の減少→販売力の低下→第3次産業の低迷→雇用吸収力の低下→所得の減少→人口のさらなる減少という悪循環に陥ることによるものであり、この縮小不均衡に歯止めをかける具体策を早急に講ずるべき」と強調した。

ソフト戦略を中心に据えた民間主体の復興を目指す

このフォーラムは「自由な活動の場を作り、民間主体の復興をめざす」との基本理念のもと、次のような具体的諸施策をビジョンとして打ち出し、復興へ向けての意気込みを示したのであった。

図表10-1　神戸市内大型小売店販売額の推移

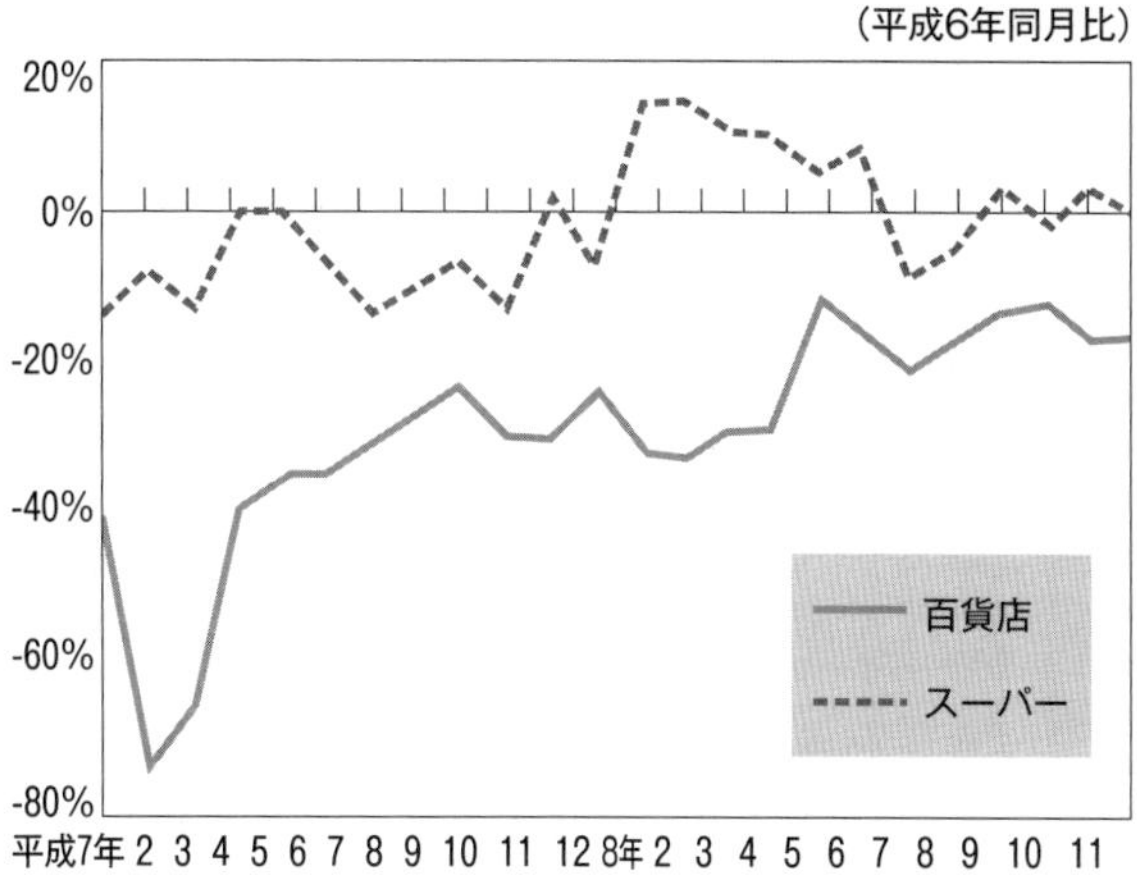

(注) 店舗調整前　(資料) 通産省「商業動態統計月報」

図表10-2　神戸市内観光客入込数の推移

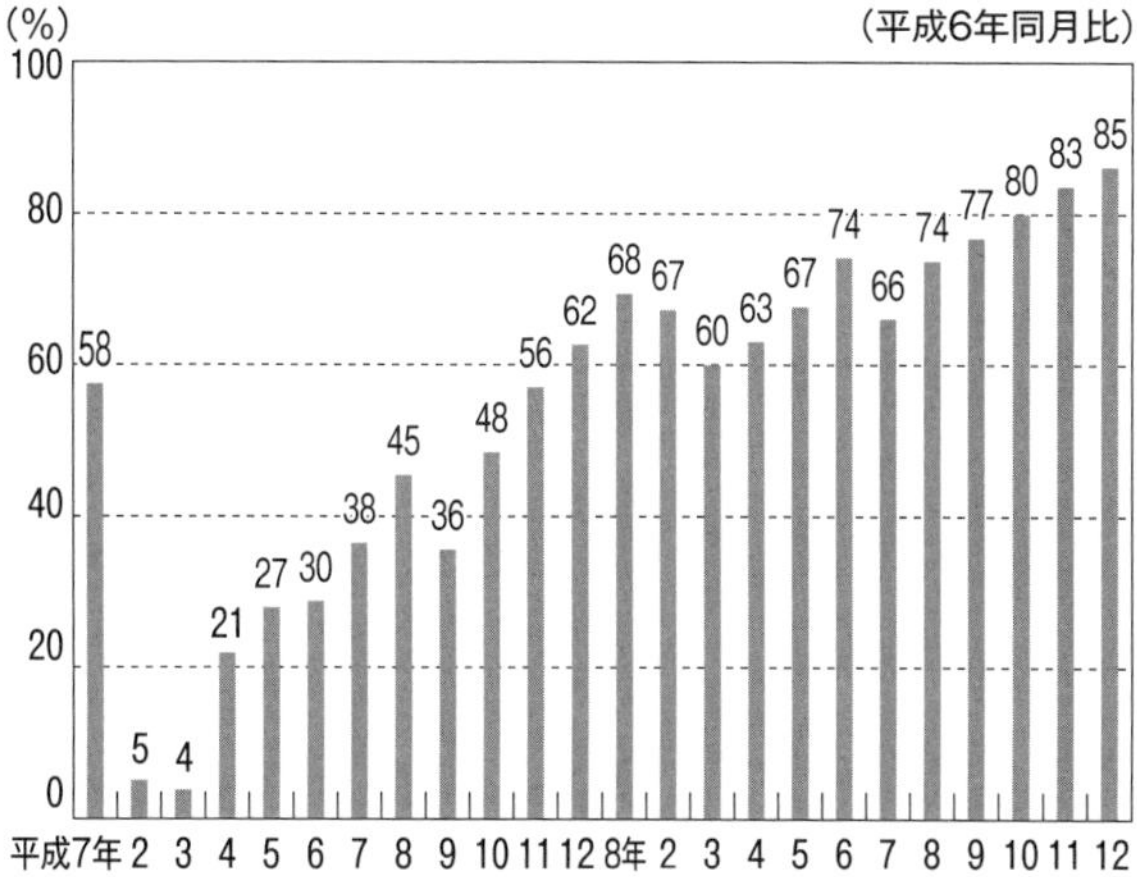

(注)「神戸ルミナリエ」の来場者を除く　(資料) 神戸市

〈具体的産業ビジョンの事例〉
・マルチメディア先進地域へ
・地域文化に根ざした地場産業で都市活性化
・アジアのハブ港湾として神戸港の再生を
・神戸ファッションの原点を
・エンタープライズゾーンを復興の起爆剤に
・神戸商業の再起をかけた正念場へ
・観光・集客を本格復興の柱に
・文化産業都市を目指す
・先端技術で新産業を創造など

これらは、まさに〝民間活力〟をベースに神戸の宝を活かした施策だったが、その多くは規制緩和や特区構想を含むソフト対応のサポートなしには実現しないものだったため、残念ながら掛け声倒れとなったものが少なくない。それは、神戸空港に象徴されるハコモノ中心の官製の〝創造的復興〟に力点が置かれた結果だが、少なくともこの時点では民間の経済諸団体における復興論議の中心はこうした〝ソフト戦略〟だった。

東日本大震災からの本格復興に何が必要か

「東日本大震災からの復興は遅々として進んでいない」と指摘されており、その全体像も見えにくくなっているが、平成24年3月11日前後の新聞各紙の見出しを拾い上げると、その実態が垣間見える。

・産業なお壊滅状態（3月5日・毎日新聞）
・明日へ手探り、復興費重く（3月8日・東京新聞）
・仮住まい　なお26万人（3月5日・朝日新聞）
・がれき処理進まず住民不安（3月7日・毎日新聞）

・原発列島行く末は（3月10日・東京新聞）
・帰還「住」整備に差（3月5日・読売新聞）

原発問題と津波被害に伴う膨大ながれきの存在が復興作業の前面に大きく立ちはだかっている実態が浮き彫りにされるが、本格復興にはまずこの問題と正面から向き合わなくてはならない。

ところで、平成24年3月11日、経済同友会では「東日本大震災追悼シンポジウム」を開催し、次のような緊急アピールを採択した。
①がれき処理の加速に向け、政府は住民の不安を払拭するための信頼性のある共通指針を示し、全国各地でがれき処理の受け入れを推進すべきである。
②風評被害の払拭に向け、観光や食の安全のＰＲなど東北全体が一丸となる取り組みを、国を挙げて推進すべきである。
民間の経済団体が復興へ向けこうしたアピールを出さざるを得ない背景に、一日本国民として

寂しさを感ずるが、まさにこれが復興への大前提となる。第10章で、復興は「全国民の仕事・責務」と指摘した。次章以降、それを前提として東北全体の復興の具体策を、阪神復興の実情を辿りながら探っていきたい。

第14章　横行した「復興便乗事業」
～復興という錦の御旗のもと
国費を投じることに疑問な事業も～

破綻の濡れ衣を着せられた借上げ復興住宅事業

先日、衝撃的な報道が眼に飛び込んできた。「神戸市住宅供給公社、民事再生手続」（平成24年5月23日付神戸新聞ほか）、各紙には「負債503億円、市民負担額は300億円」「政令市では初、阪神大震災後の負担も重荷」などの見出しが踊っていた。私は「ついに来るべきものが来た」と受け止めると同時に、神戸市の一事業部の破綻として軽く見過ごしてはならないとの思いを強くした。もちろん阪神大震災からの復興事業の有り様に深く係るためである。

第2章で、復興事業費総額16兆3000億円のうち被災者の生活再建や事業継続に直接関係するものは5割弱で、残りの5割以上は「創造的復興」に名を借りた箱物づくりに充てられたという、「ボタンの掛け違い」を指摘した。今般、住宅供給公社の足を引っ張ったとされる借上げ復興住宅事業は、被災者の生活再建支援そのものの事業であり、住宅供給公社の事業とは別枠で運営されるべきものであったと思われる。

当時「創造的復興」として多くの事業が計画されたが、その一部でも「借上げ復興住宅専用事業」として資金投入されていたら「公社破綻の一因」といった濡れ衣は着せられなかったであろう。

結局頓挫してしまった国主導のプロジェクト

「創造的復興事業」は復興便乗事業のオンパレードだったといっても過言ではなかった。**図表11**は復興とは直接関係が薄いと思われる事業のうち、金額規模の大きなものの抜粋だが、ほとんどが被災後5年以内に打ち出された。阪神淡路大震災からの復興〟という錦の御旗を掲げた事業として貴重な国費を投じたことに、果たして妥当性はあったのだろうか。

東日本大震災からの復興にあっても、すでに〝便乗事業〟が見られるとの報道（週刊ダイヤモンド、平成24年3月10日号）もある折、阪神大震災における復興便乗の事実をしっかりと頭に入

図表11　阪神大震災の「復興便乗事業」と思われる事業

名目	事業名	事業費
総合交通体系づくり		百万円
	関西国際空港２期事業	832,578
	神戸空港の整備	249,390
	本州四国連絡道路・山陽自動車道等	246,700
	阪神高速道路（含大阪湾岸、大阪池田線等）	374,269
	神戸市営地下鉄海岸線建設	234,969
	JR電化・高速化等（播但線、加古川線等）	103,677
	神戸港最新鋭港湾施設整備	81,890
	海上コンテナ輸送多重化対応（上海・長江交易促進プロジェクト関連）	24,156
	その他共計	3,015,445

資料：兵庫県復興企画課資料より作成

れておかなくてはなるまい。

図表11の事業を見て「確かに復興に必要であった」と思う人は、ほとんどいないであろう。百歩譲って「現在、地域社会の中で活用されている」ものであれば、多少は救われた気持ちにもなるが、すでに事業として成り立たなくなったもの、あるいは成り立たなくなりそうなものが少なくない。その典型的な事例を以下に示す。

①上海・長江交易促進プロジェクト

これは国の阪神・淡路復興委員会（下河辺淳委員長、元国土庁次官）から政府に対して「復興特定事業」として提言されたプロジェクトだった。その骨子は「上海・長江流域経済圏と阪神経済圏を結び、日中経済交流を促進するため、上海国際金融センターの形成と阪神経済圏の発展を連結するとともに、神戸港に河川専用船による直接交易を図るための港区を設置し、その背後に中国人街を整備する」というものだ。

プロジェクトが政府の委員会から提示されたとき、私は地元の経済人として震災被害からの立て直しに奔走していたのであったが、正直、「何でこれが復興事業なのか」というのが実感であった。

震災から2カ月も経たない平成7年3月10日に最初の提言がなされ、同年10月10日に正式に「復興特定事業」として採択された。「なぜこの時期に、この事業に金や人的エネルギーをとられるのか」「中国との交流など地元神戸は以前から深めている。元町にはすでに立派な中国人街がある」等々の疑問が呈されたが、神戸市は国の委員会には逆らえなかったのであろう。

結局、当初の委員会はわずか3年で解散し、中央の委員長も辞任。後を引き継いだ神戸市の協議会も平成11年末に解散。華々しく打ち出された復興事業は雲散霧消、ツケだけが神戸市に残されている。地元が官民挙げて望んだエンタープライズゾーン構想はにべもなく拒絶され、一方望んでもいないプロジェクトを国の委員会から押し付けられた神戸の悲劇を東日本大震災でも繰り返してはなるまい。

空港関連の二つの事業は復興に便乗して予算計上!?

②関空2期と神戸空港で1兆円超の復興予算

図表11で金額的に最も目をひくのが関西国際空港と神戸空港関連を合わせた1兆円超の事業である。仮に、その事業が必要であったとしても、なぜそれが被災地復興のための予算から充当されなくてはならなかったのか。「通常予算では通りにくいので復興に便乗したのでは」との指摘は果たして的はずれであったのであろうか。

また、環境対策として「豊かな植生や水辺を創出する県立公園の整備」に200億円、ケーブルテレビの整備に50億円なども、その類《たぐい》ではなかろうか。

私はこうした事業自体をすべて否定しているのではない。被災者のために本来直接使われるべき復興予算が「風が吹けば桶屋がもうかる」的な理屈を付けて消費されたことを問題視しているのだ。

国家財政困窮の折、東日本復興に当たりこうしたことは避けなくてはなるまい。とりわけ今回は、公務員等の給与削減も含め国民全体が身を削ってしぼり出した貴重な財源であり、それを便乗事業で無駄にしてはなるまい。神戸の轍を踏んではならないのである。

第15章　復興に欠かせない中長期的な視点
～被災者のための「ソフト対応」こそ最優先すべき真の復興事業～

中長期的な視点がないまま行われた復興事業の破綻

前章で、阪神大震災の復興便乗事業として「上海・長江交易促進プロジェクト」を紹介したが、この事業が頓挫した折、神戸新聞は次のように厳しく糾弾している。「需要を探り、事業を軌道に乗せる。そのために官民で分担を決め、時代の変化に合わせた内容を柔軟に見直す。大型プロジェクトを成功させるために不可欠な努力は十分に行われていただろうか」（平成23年5月28日付社説）。

中長期的な社会構造の変化や需要動向を見極める視点と努力がないまま、目先の利益や圧力、あるいは「もう決めたことだから」といった面子にこだわった結果のプロジェクト破綻であった

平成12年３月22日付

今後も直言を

「実は心の中ではもう、さらば神戸、という気持ちが強いんです」。取材中に思いもよらない言葉が返ってきた。被災地とのかかわりで五年間控えていた趣味の家庭菜園も、最近、再開したのだという。

神戸を離れた後も「東京の冷たい心の中に被災地の熱い思いをジュッといわせて温度を上げたい」と、神戸の復興をテーマにした外部での講演会を四十八回も引き受けてきた。ならせば月一回のペースになる。

〝決別〟に心を傾かせたものは、神戸空港の着工だったという。神戸支店長時代から、感情論ではなく数値的な裏付けと緻密な論理で被災地の思いを代弁し続けてきた。時に中央批

が、中長期的な展望がないまま行われた事業がまだ存在していたのは悲しい現実であった。

平成12年3月、私は被災から5年経った神戸経済の実情と将来展望についてマスコミから取材を受けたが、その際「空港からの撤退、今からでも遅くはない、勇気ある決断を」（平成12年3月22日神戸新聞）と語り続けた。それは次の３つの視点から「どう考えても被災地経済再生や被災者の生活再建の足を引っ張る」からだ。

まず経済的視点からは採算、費用対効果に疑問があること。次に財政的視点は神戸市営空港の位置づけであるため、市財政への圧迫、市民への過重負担は不可避であること。最後に、社会的公正さの視点

神戸新聞に掲載されたコラム

判も辞さず「憎まれ役」も進んで買って出た遠藤さんにしてみれば、意に反した神戸空港の建設が心に形容しがたい葛藤（かっとう）を生んだのも無理はない。

帰り際、神戸のボランティアグループとやり取りしている電子メールをうれしそうに見せてくれた。「切り離したいけど切り離せない。神戸の人たちとはかかわっていきます」。これからも熱く深く神戸を見続け、直言を吐いてほしい。

記事・山口裕史

だ。被災者の生活再建支援のためやるべきことの優先順位に疑問ありということである。

なぜ国に認められたのか未だに残る数々の疑問

これらは常識的に考えれば当然生ずる疑問であり、これがなぜ国の復興委員会で認められてしまったのだろうか。平成11年12月、毎日新聞は「5年目の復興委員会」と題する特別企画記事を掲載しているが、それによると当初の委員会では誰もが神戸市の空港計画に疑問を呈していた様子が窺われる。「復興計画にこれが入る意図は何か、便乗のようなものではないか」（後藤田正晴・特別顧問）。「この時期に空港とは不謹慎ではないか」（川上哲郎・関経連会長)。「計画の立て方、哲学そのものがナンセンス」(一番ヶ瀬康子・日本女子大名誉教授)等々。

こうした中、平成10年9月に、「神戸空港・住民投票の会」(代表世話人＝須田勇・元神戸大学学長)が有効署名総数30万7797人の署名簿を持って神戸市長に住民投票条例制定を直接請求。しかし同年11月、神戸市議会はこれを否決し、空港は翌年着工、平成18年2月開港している。被災から5年間、私は神戸経済復興のため走り続けてきただけに、こうした動きを目にして「さらば神戸！」というのが正直な気持ちであった。神戸新聞の記者がそうした私の思いを代弁するコラムを執筆(**別掲**)しているのでご一読いただきたい。

平成13年5月、日銀神戸支店長の職にあった木村史暁氏が任期半ばにして突如退職し、同年10月の市長選への立候補を表明するというセンセーショナルな出来事が起こった。当然、日銀の内外からは賛否両論が巻き起こった。神戸の若手経済人や文化人などからの強い要請があったようであるが、私自身は木村氏から直接立候補に至った経緯、心境を聞いている。

それによれば「日銀支店長として震災後の神戸経済の実情を知れば知るほど、空港計画の荒唐無稽さにあきれ果てた」というのが基本。その結果として「市財政を中長期的に展望した場合、大変なことになるため、今ここで何とかしなければとの義憤にかられた」ということだった。経済人としての良心からくる大真面目な対応であったが、残念ながら市長選には惜敗、木村氏はその後平成21年9月病に倒れ旅先で客死している。

ないがしろにされがちな被災者のためのソフト対応

ところで、神戸空港の現状はどうなっているのか。残念ながら、木村氏が懸念したとおり経営的には厳しい状況となっている。ポイントは二点。第一は空港島造成費2221億円の大半1982億円を起債で調達したが、償還財源としてあて込んだ空港島売却がほとんど進まず、平成22年度償還分から早くも一部借換えに追い込まれている。平成23年度以降も空港島売却による償還財源の目途は立っていない。

第二は、空港そのものの管理収支の見通しの甘さも露呈していることである。例えば平成23年度の着陸・停留料収入は約17億円を見込んでいたが、実績はその4割強の7・3億円に止まっている。泉下の木村氏もさぞ心配していることであろう。

中長期的視点の甘さは新長田駅南地区復興再開発事業でも際立っており、事業参加者が神戸市相手に損害賠償を訴える騒ぎとなっている。「何のため、誰のための復興事業」であったのか、経緯をしっかりと検証すべきであろう。

復興事業には巨額の予算がつぎ込まれるため、様々な便乗が伴うことは前回指摘したとおりだが、短期的な思いつき、利益狙いの事業は必ずや後々の悔いの種になることを〝神戸の失敗〟が教えている。このことも東日本復興にあって肝に銘じなくてはなるまい。被災者のためになるソフト対応は周辺に群がる人達の利益につながらないため、ないがしろにされがちとなる。しかし、それを最優先にするのが真の復興事業である。

第16章　後手に回った神戸復興の施策
～このままでは神戸以上に深刻な事態になりかねない～

神戸では震災から5年後も　復興は思うに任せなかった

平成12年1月15日、私は神戸市長田区所在のボランティアグループ「まちコミュニケーション」が主催する「御蔵学校」で講演をした。「被災地の経済再生に向けて―私のこの5年の検証から」と題したもので、その参考資料として、被災直後の私の記者会見記事から復興経済5年を総括した講演録まで19点を提示した。

質疑を含め3時間を超える中身の濃い内容となったが、一言で言えば、「時間との闘いに腐心し、敗れ去った神戸経済の実情」というものであった。**別掲**は平成12年1月8日と11日付けの日本経済新聞であるが、5年経っても「8割復興」の域を出ていないことが示されている。

第13章で、被災後1年の神戸経済を「全体では8割復興ながらバックスピンの恐怖も」と表現したが、それから4年を経てもなお復興は思うに任せなかったのである。

その要因として、これまで復興便乗事業の横行、中長期的視点の欠如、ハード偏重ソフト軽視の諸施策等を指摘してきたが、なぜそうなってしまったのであろうか。東日本大震災復興2年目に入っている今（執筆当時）、それをしっかりと検証し反面教師としなくてはなるまい。

阪神大震災の復興委員会と復興対策本部の実情

被災直後に、政府の復興対策本部（本部長・村山富市総理大臣）は、あるべき復興の方向性を示すため「阪神淡路復興委員会」（委員長・下河辺淳氏）を設置した。委員会は1年任期、14回の会合を開き11項目の提言を行った。一方、復興対策本部は5年期限、国土庁事務次官が事務局長としてこれを仕切り、委員会提言の実行部隊として位置付けられていた。

被災後5年の現実は前述のとおりであるが、果たして委員会では一体何が議論され、復興対策

阪神大震災から5年後の復興状況を伝える日本経済新聞

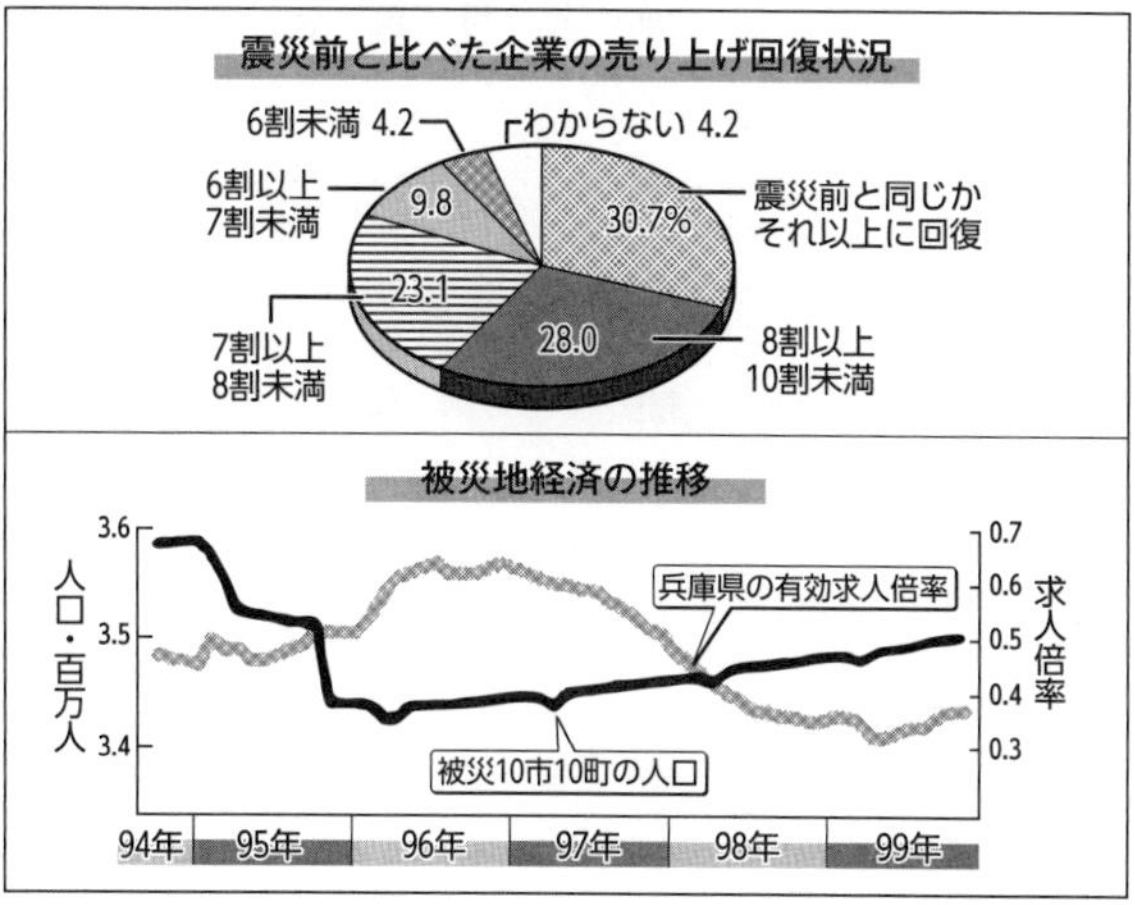

平成12年1月8日と1月11日の記事の一部抜粋

本部はそれを踏まえ何を実行したのであろうか。

今、私の手許に平成12年1月に連載された読売新聞のシリーズ記事がある。「阪神大震災、再生への道―復興委は何を残した」と題した綿密な取材記事である。改めて読み直してみると、あるべき復興へ向け速やかに立ち上がれなかった諸々の問題点が浮かび上がってくる。それらは被災地にとって容易に打ち破れないぶ厚い壁であり、被災後5年という貴重な時間がこれらの壁との闘いに費されたのではないかと指摘できよう。

その記事の中から、東日本大震災からの復興に向け参考になる壁をいくつか例示しておきたい。

被災5年後の神戸に立ちはだかった厚い壁

①政治の混迷という壁

復興委員会の最終日（平成7年10月30日）、後藤田特別顧問は次の言葉を残している。「内閣は代わる。人間も代わる。復興本部は一つの役所。この仕事が尻切れトンボになりはしないか」。復興へ向けた明確なリーダーシップの欠如ということであり、最大の壁であったかもしれない。東日本大震災の復興に向けても同様の懸念があり、これが壁にならないことを願ってやまない。

②省庁縦割りの壁

復興の多くの局面でぶつかった壁である。代表例は復興住宅の問題であった。「二十一世紀の高齢住宅のモデルの建造を」との復興委員会の一番ヶ瀬康子氏（日本女子大学名誉教授・平成24年9月5日ご逝去）の強い要望にも拘らず、当時の建設・厚生両省の縦割りの壁は越えられず、高齢者や介護者にとって使い勝手の悪い復興住宅ができ上がっている。古くて新しく、常に存在する壁だ。

③一国二制度と政治の壁

経済特区をベースとするエンタープライズゾーン構想が早期復興の要であったことは第6章で指摘したが、復興委員会でも議論の対象となってはいた。しかし「地元構想には具体性がない」（下河辺委員長）と取り上げられなかった。

当時の読売新聞の連載記事では、第5回目に本件に関する私の反論も取り上げている。「あの被害の中、被災地を国が救わなくてどうする」（元日銀神戸支店長）。「沖縄には認め、阪神には認めないのは高度の政治判断」との当時の通産省幹部の言葉の冷たさが未だに耳に残っている。「まず結論ありき」の厚い壁であった。その後、特区制度の実現により、この壁は徐々に低くはなっている。東日本各地がこの特区制度のフル活用に向け知恵を絞ることも大切であろう。

その他、前例踏襲主義、全国平等地域均衡主義、夢と現実など早期復興を阻んだ壁がこのシリーズ記事から読み取れるが、これらとの闘いにどれだけ貴重な時間が費されたであろうか。

私は、平成24年8月、被災地福島、宮城地域で過ごし、被災後1年半の現実を眼にするとともに、多くの人達から話を伺った。そこでは原発問題とそれに伴う風評被害、容易に処理が進まないガレキの山、そしてその広域処理を拒む多くの地域の心ない声に苦しみ、悲しむ被災地の声なき声など、早期復興を阻む多くの壁の存在を感じざるを得なかった。

神戸では空港問題という被災地自らが作り出した壁も大きな障害となったが、東日本の被災地には神戸のように自らが作り出した壁はない。政治の力や日本国民全体の手助けにより壁は取り除けるのである。「まだ間に合う、しかしこのままでは神戸以上に深刻な事態になりかねない」。これが被災地訪問後の率直な感想である。

第17章　被災後10年の神戸経済の実態
～復興は風化との闘い　神戸復興の過ちを繰り返すな～

被災から1年半で早くも風化の兆し

前章で、被災後5年の神戸経済の前に立ちはだかった諸々の壁を指摘したが、そこから数年を経た神戸の状況はさらに深刻の度を増していた。**図表12－1**は、被災12市（震災当時は10市10町）と兵庫県の域内総生産の推移等であるが、10年間の苦闘とその結果としての経済力の落込みの姿を如実に表している。とりわけ事業所数（**図表12－2**）は右肩下がりのまま、10年間で15％も減ってしまっている。

10年は一つの節目、諸々のメモリアル行事が行われたが、当時耳にした多くの声は「さすが神戸、10年で見事に復興しましたね」というものだった。確かにメインストリートは整備され、人の賑わいもそこそこ戻ったように窺われた。「創造的復興」の名の下に打ち出されたハード中心の見た目華やかな都市景観が、見る人をしてそう叫ばせたのであろう。

しかし一皮むけば、実態は**図表12**のとおりで、むしろ大震災の記憶の風化とともに多くの被災者、被災企業は忘れられていった。

さらに2年を経た12年目、朝日新聞（平成19年1月17日付）は次のように報じている。

「復興の光、影に弱者、行政相次ぎ支援終了」「中小企業や商店、再建へ続く苦境」等々。

平成24年9月11日は東日本大震災から1年半の節目であり、多くの特集記事を目にしたが（平成24年8月執筆当時）、これからが復興本番であるにも拘らず、早くも風化を窺わせるような事態も見られるのは由々しきこと。復興施策に成功体験はないことを関係者は肝に銘じなければなるまい。


大災害時には地元主導の復興施策が必要になる

行政が残す記録は往々にして成功体験のオンパレードとなりがちである。手許には、10年の節

図表 12-1　地域内総生産（全国・兵庫・被災地域）の推移

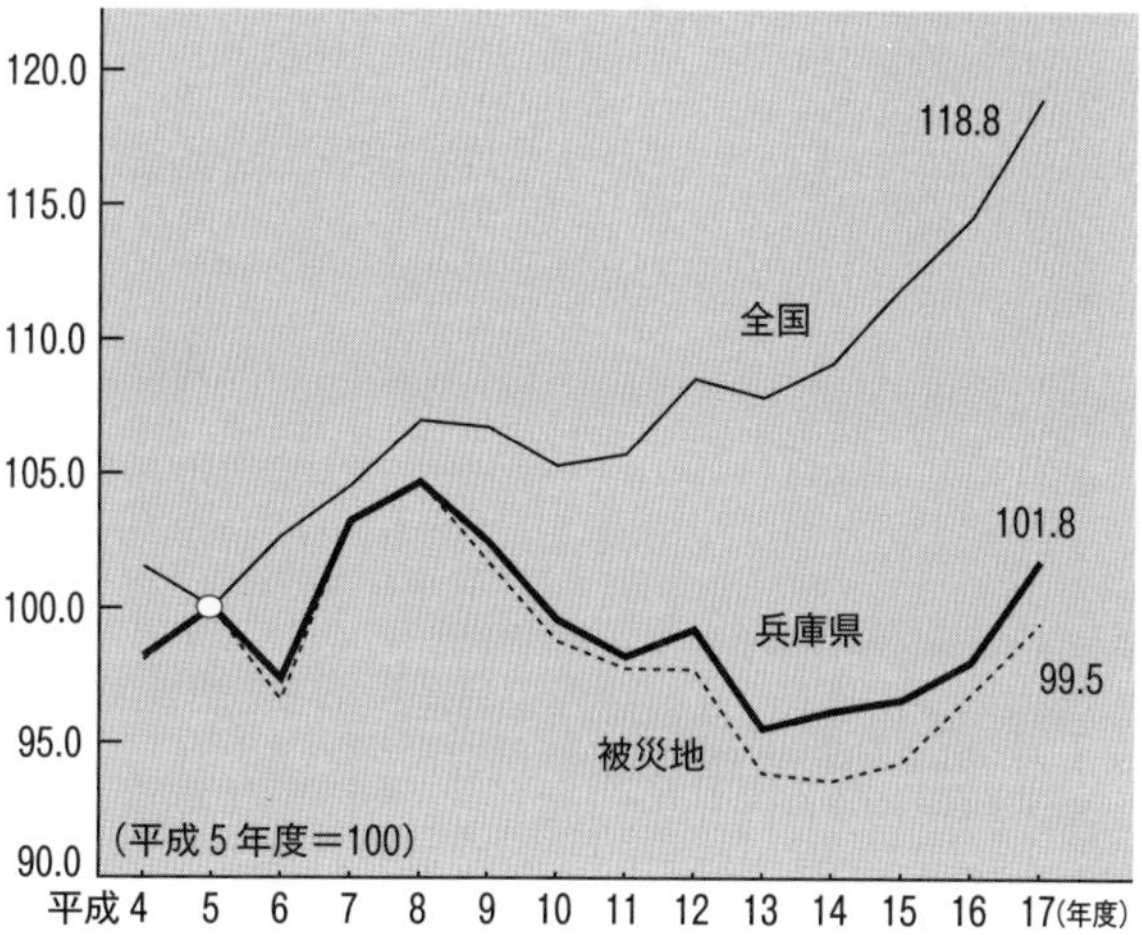

図表 12-2　兵庫県内の事業所数の推移

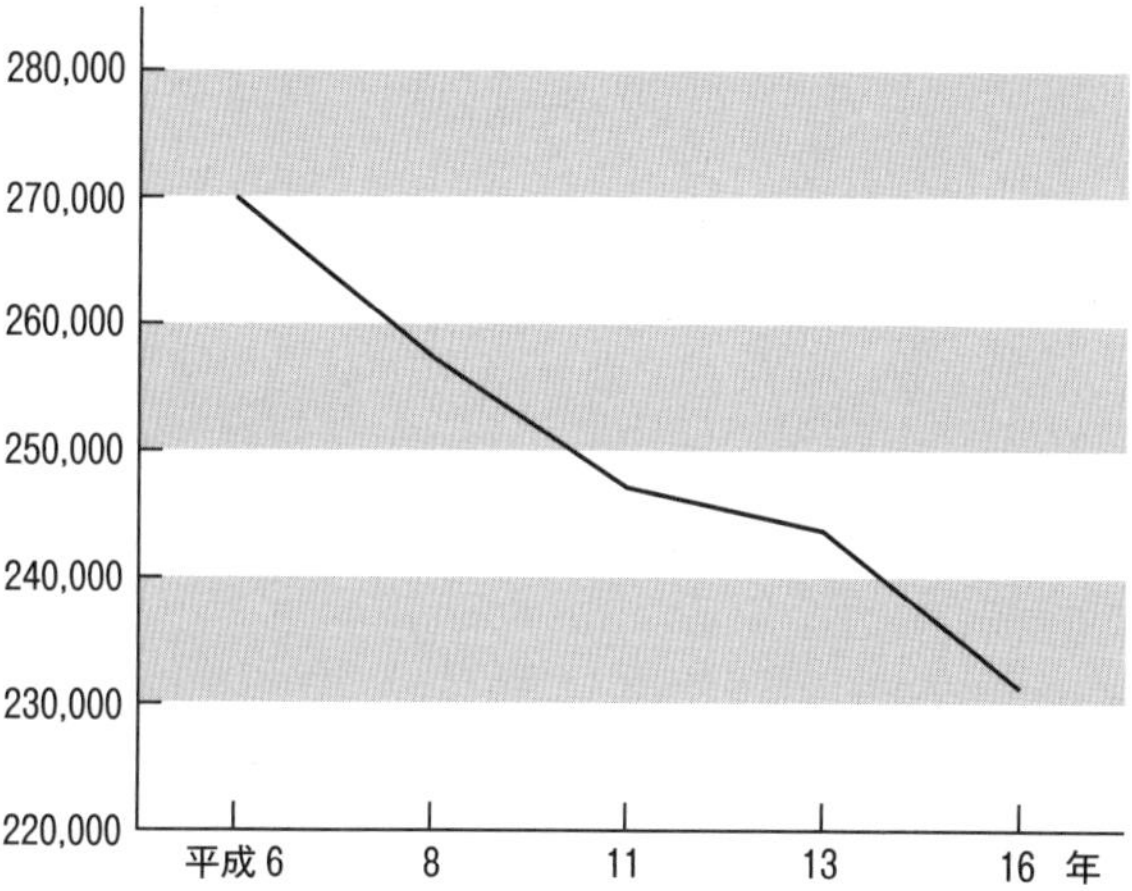

いずれも県調べ。被災地は兵庫県内の 12 市(当時 10 市 10 町)

目に出された多くの冊子があるが、編者の立場により施策の評価が大きく異なるのはやむを得ない。

ただ、現実の経済、社会の実態がその結果であり、そこから施策の評価が自ずと生まれてこよう。東日本大震災の復興に携わっている方々は、阪神大震災の多くの記録をそうした観点から精査し、今後の教訓として活かしてもらいたいものである。

その一環であるが、神戸新聞は「震災10年を語る」というシリーズで阪神淡路復興委員長の下河辺淳氏とのインタビュー記事を載せている（平成16年12月8日付）。そこでは「神戸の10年？本当は感想を言いたくない」との言葉から始まり、「復興政策の誤り」あるいは「復興の遅れ」といったことが実に淡々と語られている。

とりわけ同氏が強く関わったとされる「上海・長江交易促進プロジェクト」（第14章参照）については、「実は上海から断られた」とあっさり。このプロジェクトのためにどれだけ貴重な金と人と時間が費やされてしまったのか。改めて大災害時には、地元主導の復興施策が必要だと痛感した。

釜山やソウルで見た神戸復興の理想の姿

さて、過日（平成24年9月7日～10日）韓国に仕事で出かけた折の驚きを神戸の友人に次のとおり伝えた。復興の方向に係ることなので、ご一読願いたい。

「釜山、ソウルと滞在していたのですが、日本の活力のなさばかりを実感させられました。特に私にとって衝撃的だったのは釜山でした。震災後の神戸のあるべき方向として私が叫び続けたのは神戸港をベースとする神戸の宝を活かした復興の姿でした。

残念ながら空港（建設）やら上海（プロジェクト）やら、妙なものが脈絡もなく飛び込んでおかしな方向に行ってしまい、今日の体たらくとなっていますが、今の釜山は震災後、私が思い描いた神戸の姿を実現しておりました。もう神戸はどんなに逆立ちしても釜山に追いつけないでしょう。空港は神戸市民が選択したことですので、市民自らがその責めをどう果たすかでしょう。

しかし悲しいことです。もう神戸には釜山に追いつく力も時間もありません。これからの神戸、難しいですね。過去の成功体験をすべて捨て去り、市民自らがゼロからやり直す覚悟がなければ、単なる大阪のベッドタウンになる（あるいはもうそうなっている）だけかもしれません。それで良い、そのどこが悪いのだとの市民も多いのではないでしょうか。

韓国は平成9年、ＩＭＦ管理下に陥った時、文字通り一からやり直さざるを得なかったのです。それが今日の繁栄につながっていると思いますが、神戸市民にはその覚悟があるでしょうか。『神戸を変える』ためには市民がすべての既得権をいったん捨て去るぐらいの覚悟が必要です（日本全体もそうですが）。それほど追い込まれているとの認識はないと思います。神戸応援団としての私の歯がゆさ、悔しさが入り混じった気持ちをお察しください。

ところで神戸復興の方向違い、過ちを県や市が伝えてこなかったため、東北復興でも同じことが起ころうとしています。神戸の失敗を極力伝えるべく講演やら執筆活動を続けておりますので、折に触れ、ご助言いただければ幸いです。震災直後描いた神戸復興の姿を釜山やソウルで見た直後だけに、日本の衰退振りばかりが目につくことを重ねて申し上げつつ」

第18章　神戸経済の今と東北復興への教訓①
～復興災害を招く危険がある創造的復興の光と影～

神戸では創造的復興の光と影の存在が顕著に

平成24年9月から10月にかけて東北の被災地を歩いた。八戸、石巻、女川、福島等々。そこでは様々な問題を抱え、未だに立ちすくんでいる多くの人達を目の当たりにした。右から左に移動させせられただけの膨大な瓦礫の山、跡に残る荒涼とした大空間、生活再建の方向すら見えず、時間だけが過ぎていくことに苛立つ人達。なぜあれだけの復興予算が、すぐに被災地に届かなかったのであろうか。

第14章で指摘したように、復興便乗事業に多額の復興予算がつぎ込まれる一方で、被災地復興が後手に回った神戸の轍を踏んではいないかとの疑問に対し、被災地のこうした姿を眼にすれば自ずと答が出てくるであろう。

阪神大震災の折に横行したことが再び今回も起きているのである。ただ阪神大震災のときとは異なることも起きている。幸い今回は、比較的早い段階で復興便乗の動きが問題として表面化した。政府も是正に取り組むとのこと。今後あるべき方向にしっかりと軌道修正されることを期待したい。

さて、復興便乗事業が横行した結果として、神戸の経済・社会の現実の姿、18年後の今の姿はどうであろうか――。

平成24年10月18日、私は神戸にある「人と防災未来センター」で災害対応の研修講師を務めたが、その折、じっくりと街中を歩くとともに、被災地域の皆さんとの懇談の機会を持った。そこで改めて感じたことは、18年後の総括として「創造的復興の光と影の存在が顕著」ということであった。復興予算のすべてが被災地や被災者のために費されていたら生じなかったであろう様々な問題が露呈してきており、それらは今、神戸では「復興災害」という新たな言葉で論じられている。

復興を担った行政の当事者達にとっては聞きたくもない言葉であろうが、そうしたことにも謙虚に耳を傾けることが、東日本復興の参考となることは間違いあるまい。そして「東北」が18年後に「神戸の今」の姿に「なってはならない」、否「してはならない」のである。

じわじわと生活を蝕む第三の危機「復興災害」

私は講演等で「大災害に伴う二つの危機」ということをよく話している。第一の危機は大地震や台風等により生命、財産を脅かされる危機、これは「天災」であり防ぎようがない。第二の危機は被災直後の生活再建や経済復興の遅れにより生ずる危機。すなわち個人の日常生活や事業活動を脅かすもので、これは「人災」であり、防ぎようがある。

そして被災から18年近く経ち指摘されているのが、第三の危機「復興災害」である。耳慣れない言葉であるが、これは復興施策の失敗により、社会全体の成り立ちから個人の生活に至るまで広範に被害が及んでいるもので、これも「人災」そのものといえよう。

具体的には、地域経済・社会が衰退するとともに個人の生活、事業の再建が思うにまかせず、家族の離散や孤独死の頻発を招くなど、いわば複合的災害ともいえよう（図表13参照）。

第一の危機は、眼前に拡がる具体的な厳しい現実として世の中全般の人々に理解してもらえるとともに、治山・治水事業の延長線としての災害対応の方向にほとんど誤りはなく、前例も少なくない。

しかし、第二、第三の危機は眼に見えにくく見過ごされがちとなるばかりでなく、これへの声高な対応要請はときに「被災者エゴ」などという冷たい言葉で返されたりする。とりわけ今、神戸が抱えるこの第三の危機は、18年という時間の経過もあり、一般的には分かりにくいものとなっている。

しかし、図表13で指摘している問題点は、低温ヤケドのように時の経過とともにジワジワと世の中全般や個人の生活を蝕んでいき、気が付いたときには取り返しのつかない病状となるおそれがあると指摘できよう。

図表13　創造的復興と復興災害

	創造的復興事業の光と影	復興災害として表面化
光の部分	ハードインフラ構築に重点 ・神戸空港、関空２期周辺高速道路整備など ・震災以前からの既往開発計画の焼き直し事業も多数	・事業低迷に伴う地方財政の弱体化 第３セクターの破綻はその象徴 ・復興便乗事業の悪しき前例作り
影の部分	被災住民、事業主対応に穴 ・仮設、復興住宅の郊外建設 ・都市計画の早期強行決定など	・被災市街地空洞化 商業・地場産業衰退 ・市民サービスの量と質の低下

復興災害の前例となった主な創造的復興事業

図表13は「復興災害」と創造的復興の関係を整理したものだが、その具体的事実はこれまでも度々指摘し、先行きに禍根を残しかねないと懸念した事業内容に表れている。東北が同じ轍を踏まないためにも、復興災害の前例としてこれらを改めて示しておきたい。

復興災害と指摘されている主な事業は以下のとおりだ。

①上海・長江交易促進プロジェクト…成果ゼロで破綻
②神戸空港の建設…経営困難で借金苦
③新長田駅南地区復興開発…事業と街の空洞化

④借上げ公営住宅問題…住宅供給公社破綻の一因。被災住民立ち退き問題発生

⑤医療産業都市の推進…一般医療へのしわ寄せ。街の活性化につながらず。先端医療には貢献

こうしたことの総合的な結果として、あるいは象徴的な出来事として最近悲しい現実を耳にした。それは、神戸港の衰退がさらにひどくなっているとの話であった。コンテナ取扱貨物量において、世界のベストテン上位の地位から50位近くまで滑り落ち、さらに50位も割り込む論評に値しないところまできているとの事実。大輪田の泊（現在の神戸港西側の一部）開港の祖、平清盛も草葉の陰で泣いているであろう。

第19章　神戸経済の今と東北復興への教訓②
～再び実現を提案したい
エンタープライズゾーン構想～

阪神大震災から19年目の厳しい現実

平成25年には阪神大震災から丸19年目を迎える。本書では経済的事象を中心に大震災後の神戸の街の帰趨を辿ってきたが、この間一貫して皆さんに提示してきたのが「復興の光と影」の存在であり、すでに破綻した復興事業も含め「影」の問題点も具体的に示してきたところである。

その象徴的なデータが**図表14**である。これらの数字は「光と影」の実態を如実に示している。例えば神戸市全体の人口は震災前を1・4％上回っており、一見「順調な回復ぶり」と見えるが、被害のひどかった長田区では2割以上減少したままだ。神戸市全体にしても世帯数が震災前に比べ18％も増加しているのは、単身者世帯が異常に増加しているためだ。

そこに高齢化した被災者・生活者の影が窺える。また零細事業所が集積していた被災地域の事業所数の減少ぶりは眼をおおうばかりである。

長田納税協会税務統計によると被災12年後（平成19年）の法・個人事業者（約５０００）の徴収決定税額は2億８０００万円、震災前（4億６０００万円）の４割減と事業の低迷ぶり、厳しさを示している。

こうした厳しい現実の中、神戸経済が再び蘇り、昔日の輝かしい賑いを取り戻すことはできるのであろうか。平成24年11月19、20日の両日を神戸で過ごした折、改めてじっくりと考えてみた。ポートアイランドからの夜景や神戸の味覚を楽しみつつ神戸再興の処方せんに頭を巡らしたが、このことは東日本大震災からの復興施策にも相通ずることと思っている。

復興のために考えるべき二つの大きな枠組み

復興のために考えるべき大きな枠組みは二つ。まず、第一は言うまでもなく、これまでの復興

図表14　阪神大震災前と直近の人口

	震災前※	直近（平成24年11月）
長田区人口	130,466	99,812
神戸市全体人口	1,520,365	1,542,794
長田区世帯数	53,284	47,541
神戸市全体世帯数	580,012	687,092

※長田区のデータは平成6年10月、神戸市のデータは同7年1月のもの

施策の失敗の理由をしっかり検証し、謙虚に反省することである。そして将来にわたるマイナス事象を明示し、これを取り除くという力仕事が必要であろう。

第二は、明治以来の神戸繁栄の「原点」に戻ること、すなわち「神戸の宝を如何に活かすか」に官・民挙げて力を結集することであろう。

再興のポイントとなる原点とは具体的に何であろうか。私は昭和56年から59年までの3年弱、日銀神戸支店の営業課長の職にあった。その折、当時の宮崎神戸市長の私的諮問機関「神戸経済会議」のメンバーとして「神戸らしさを活かした発展方向は如何」との議論に参画していた。

伊丹に替わる関西空港の「神戸沖案」を退け市長となっていた宮崎氏は、空港抜きの神戸のあるべき姿として、①アーバンリゾート、②コンベンションシティ、③ファッションタウンのコンセプトを掲げていたが、まさにこれこそが神戸経済の原点であろう。

神戸経済会議のメンバーは私を含め大手出先企業の若手課長クラスであったため、自らの事業展開の可能性も含めコンセプト実現の後押しの役割も担っていた。そこで改めて議論された「神戸の力」は、世界有数の国際貿易港、日本列島東西の中央に位置する流通拠点、鉄道や道路など日本一密度の高い陸上交通網、明治以来培ってきたセンス溢れる外来文化など。これらの宝を活かすことが神戸の発展方向と結論づけていた。

しかしその後、阪神大震災からの復興の方向違いから、中途半端なまま今日に至っているのはこれまで指摘したとおりである。

神戸再興のための原点回帰の具体策とは

では、神戸再興のための原点回帰を具体的にどう実現すればよいのであろうか。日銀神戸支店のホームページを覗くと、わが後輩達も頑張っており、この1年ほど神戸の将来を語る熱いレポートを次のとおり、リリースしている。

・平成23年11月2日…「神戸ブランド」の更なる魅力向上に向けて
・平成24年3月5日…拡大する高齢者マーケットに新たな活路を
・平成24年4月2日…変化を見極め、魅力的なまちづくりを
・平成24年6月5日…若年層の係留と高齢者の受入強化を

これらの方向を実現するためには前述の三つのコンセプトに回帰することが必要であり、それを今後具体化するための方策として、私は再びエンタープライズゾーン構想の実現を提示したい。

エンタープライズゾーン構想については、第6章で示したとおり、「復興の切り札」として兵庫県、地元経済界が要望したものであったが、大幅な規制緩和・撤廃が必要であったため中央から「一国多制度はまかりならん」の一言で退けられてしまった。

しかしその後時日を経て、特区制度が実現している今、再び神戸再興の目玉として打ち出すべ

きと考えている。私は当時、①タックスフリーの商業ゾーン、②カジノを含むアミューズメントゾーン、③金融取引ゾーンの3つを提案したが、少なくとも①と②は具体策を今一度ブラッシュアップし、実現に向け行動すべきであろう。

先の日銀レポートで示した課題の解決策であり、神戸再興の切り札となる。同時に、東日本大震災からの復興施策の指針にもなることを重ねて申し上げておきたい。

これらを実現するうえで障害となるのが神戸市財政の足を引っ張り続けている神戸空港の存在である。昨今、大手電機メーカーが苦渋の選択を迫られたように民間経済のロスカットルールの取入れも含め、抜本策を講じる時期にきているのではなかろうか。

最終章　早期復興の必要性と具体策
～東北復興プロジェクトとして一つにまとめて推進せよ～

早期復興こそが国益に直結する

これまで「震災後の神戸経済18年」を語ってきたが、そこでは東日本大震災で疲弊した東北経済復興へ向けての教訓を数多く示してきた。

例えば、復興の障害となった諸々の規制、ギャップの存在、被災地の復興意欲減退など（第3～5章参照）は、現在東北で直面している困難そのものである。そして、神戸経済の早期復興へ向け提案してきた基本施策もまた東北復興のキーワードとして早急に取り組むべき課題である。

大津波に伴う甚大なる人的犠牲、大量の瓦礫発生、原発事故という阪神大震災とは異なる要素はあるものの、「被災地復興」という本質的な基本方向はまったく同じだと考えている。

私は、阪神大震災1年後には早くも風化とともに腰が引け始めた中央政府の復興への取組姿勢に注文を付け、「阪神復興は国益に直結」との論陣を張った（第11章参照）。

被災後、約2年を経てなお遅々として進んでいない東北復興についても「早期復興こそが国益に直結」との声を大にしたい。**図表15**ではこのことについて、基本施策や方向性とともに、具体的に何をすべきかなどを整理した。

東北復興に必要な三つのポイントとは

ここでは、東北復興のポイントとして三つの方向を示した。まず第一は、わが国の食糧供給基地としての機能強化である。森林資源の再生も含めた東北の一次産業の再生・活性化を復興の柱の一つとした。

第二は、自然再生エネルギーの供給基地としての役割を明確にすることである。福島の不幸な経験を踏まえ、国は東北の自然再生エネルギー基地化のためにヒト、モノ、カネを重点投入すべきであろう。東北にはそのために必要な膨大な埋蔵資源が存在していることも見逃せない。

図表15　東北の早期復興は国益に直結

基本施策
規制緩和・撤廃
公共投資早期重点投入
復興支援運動の全国展開
金融面の支援・裏付け確保

➡

復興の方向	具体的プロジェクト
食糧の供給基地へ	・農業の再構築 ➡集約と高付加価値化 ・漁業の新展開 ➡機能分化と特区 ・林業の見直し ➡ドイツに学ぼう ・東北産品購入キャンペーン
自然再生エネルギーの供給基地へ	・水力の見直し ・地熱の拡大 ・風力の新展開 ・太陽光と福島のリンク
観光立国モデル地域へ	・風評被害からの脱却 ・瓦礫処理の全国シェアリング ・「東北へ行こう」再び！

そして第三は観光立国を標榜するわが国の〝観光モデル地域〟として、ハード・ソフトの充実を図ることである。もちろん観光資源は、自然、文化、歴史などを中心に豊富であり、温泉や食の魅力はすでに知られているところだ。人の流れを取り戻すことが復興に欠かせないことは、私自身が神戸で実感してきたことでもある。

「阪神復興は国益に直結」と主張した理由としては、構造改革を迫られている日本経済再生のモデルになること、および担税能力がトップクラスの地域の経済力早期復興は脆弱化しつつある財政力アップに資することの二点を掲げた。

では、東北復興は国益とどのようにつながるのだろうか。もちろん、短期的には国が東北復興を蔑《ないがし》ろにすることは国際社会に恥を晒《さら》すことばかりでなく、人道的にも許されるものではないため、逆説的視点から国益につながる。しかしながら、中長期的視点に立って三つの復興方向を正面から捉えると、その実現はまさに国益そのものだと分かる。

例えば、10年後のわが国の経済、社会の姿を今あるデータを基に予測してみると分かりやすい。すなわち、少子高齢化の一層の進展に伴う歪《いびつ》な人口構造、一次産業低迷に伴う食料自給率の低下、財政力脆弱化に伴う債務大国化、付随する円安とインフレ進行に伴う食糧、石油製品等輸入依存商品価格の高騰といったマイナス要因が次々と頭に浮かんでくる。

こうした事態を必然として唯々《いい》諾々《だくだく》として受け入れるわけにはいくまい。そのために経済、社会政策があるのであり、東北復興の三つのポイントの実現はまさにわが国の将来的困難を少しでも克服・緩和するための重要施策と位置づけられよう。

図表15で示した具体的プロジェクトの詳細は様々な方面で個々に語られ、主張されているが、これを「東北復興プロジェクト」として一つにまとめて推進すること、それが国益につながるのだ。

これらの具体的プロジェクトを実のある形で実現していくためには図表15で示した四つの基本施策、すなわち規制緩和・撤廃、公共投資の早期重点投入、復興支援運動の全国展開、金融面の支援などが欠かせない。この点、阪神復興の折には思うに任せなかったことをこれまで縷々《るる》述べてきたが、とりわけ規制と公共投資の面で中央の理解が得られず、その後苦しむことになった。東北で同じ轍を踏んではならない。

東北とりわけ福島の復興なくして日本の再生なし

人の流れを元に戻すことが復興に欠かせないと前述したが、私はその視点から神戸で「神戸復興支援！何かを支店会」を立ち上げ、一定の成果を得た（第10章参照）。東北復興にあたり重要であるのが、この復興支援運動の全国展開の具体化である。前述の三つの復興方向を推進するためにも、このことが非常に大切である。

特に、原発事故による風評被害から福島をどう守るのか、瓦礫処理を全国民がシェアする覚悟があるか――この二点について国民全員がこれに応えなければ、東北復興、ひいては日本再生は望むべくもなかろう。そして「東北、とりわけ福島の早期復興なくして日本の再生なし」である。

本書を締めくくるにあたり、このことを改めて強調しておきたい。（了）

おわりに

私は今なお「阪神大震災の語り部」としての活動を続けている。時に「まだ地震のことを話しているのか」と揶揄されることもあるが、これは身体の続く限り続けるつもりであり、また続ける責任があると思っている。あの震災を体感し、その後の復興の実情を見聞きしてきた者が自らの内にある情報を可能な限り公けにし、失敗や過ちを開示することは、その後起るであろう大災害の対応に必ずやプラスとなるはずだからである。

今、「防災から減災へ」との言葉が漸く定着してきているが、「減災」の意味が少し取り違えられている気がしてならない。減災の本質は災害に関するあらゆる情報をベースに「如何に被害を小さくするか」を考え、工夫すること、すなわち「知恵と工夫によるソフト対応」が基本となるが、どうも「減災」に名を借りた相変わらずの便乗的なハード事業ばかりが目立っている気がしてならない。それはともかくとして、語り部による情報の共有化は減災対策の有力な武器と位置付けられる、ということである。

ところで私が語り続けている内容は大きく三つに分かれている。まず第一はいわゆる「ＢＣＰ」（事業継続計画）に関するもので、「大災害時における企業の危機管理」と題して話をしている。第二は阪神大震災の折、ほぼ10日間職場に寝泊まりし、そこが避難所や家庭ともなったのであるが、その「家長」として家族の生活を守り、維持するため様々な体験をしたことに関するものであり、「家庭の防災と減災」をテーマとしている。そして第三が本書の主題となっている「被災地経済復興の視点」に関するものである。企業向け危機管理講座は第一、一般市民向け防災関連講座は第二、そして経済界、金融界向け講座は第三の内容となることが多いが、もちろんこれらが混在することも少なくない。

なお、阪神大震災に関する拙著は、「日銀神戸支店長の行動日記」（平成7年12月、ときわ総合サービス刊）、「くらしの防災手帳」（平成23年5月、同）、そして本書の三部作となり、これで第一から第三までの語り部パターンが全てカバーされることとなる。それぞれが今後の減災対策の一助となることを期待している。

なお、㈱近代セールス社編集人大畑数倫氏には連載期間中から本書刊行に至るまで色々とお手数を煩わせましたこと、この場を借り改めて厚く御礼申し上げます。

平成25年4月　埼玉県所沢市の自宅にて

遠藤勝裕

被災地経済復興への視点
～阪神大震災に学ぶ～

2013年6月21日　発行

著　者　遠藤　勝裕（えんどう かつひろ）

発行所　ときわ総合サービス株式会社
〒103-0022　東京都中央区日本橋室町4-1-5
電話 03-3270-5713
http://www.tokiwa-ss.co.jp/

印刷・製本　カミナガ株式会社

落丁・乱丁の場合は送料ときわ総合サービス社負担でお取替えいたします。
ただし、古書店で購入したものについてはお取替えできません。

ISBN 978-4-88786-047-6 C3033 ¥1200E